Marken als Sinnstifter

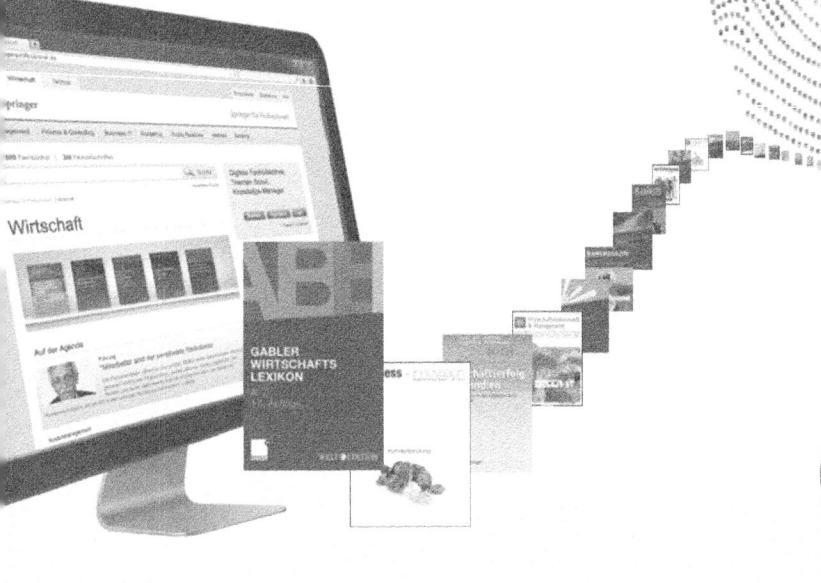

Sandro Abbate

Marken als Sinnstifter

Identitätsbasierte Markenführung als Antwort auf den Wandel

 Springer Gabler

Sandro Abbate
Köln
Deutschland

ISBN 978-3-658-05019-1   ISBN 978-3-658-05020-7 (eBook)
DOI 10.1007/978-3-658-05020-7

Die Deutsche Nationalbibliothek verzeichnet diese Publikation in der Deutschen National-
bibliografie; detaillierte bibliografische Daten sind im Internet über http://dnb.d-nb.de
abrufbar.

Springer Gabler
© Springer Fachmedien Wiesbaden 2014

Springer Gabler ist eine Marke von Springer DE. Springer DE ist Teil der Fachverlagsgruppe
Springer Science+Business Media
www.springer-gabler.de

Für meine Frau Tamara und meine Kinder – die größten Sinnstifter in meinem Leben.

Vorwort

Markenverzicht und Brand Communities, Globalisierungskritik und digitale Vernetzung, fairer Handel und Billiglohn, Sharing Economy und Neoliberalismus: Es ist kaum zu leugnen, dass sich Gesellschaft und Wirtschaft im Umbruch befinden und voll vermeintlicher Widersprüche sind.

Stimmen gegen die Verantwortlichen für die Wirtschaftskrisen der letzten Jahre werden immer lauter. Kapitalismuskritik ist nicht mehr nur ein Faible der klassischen Linken, sondern wird gesellschaftsfähig. Ob beim Konsumenten oder bei Mitarbeitern, der Ruf nach Sinn wird überall hörbar.

Wir können den wirtschaftlichen Wandel nie losgelöst von den Veränderungen in der Gesellschaft betrachten. Die Unternehmensführung steht in Zukunft verstärkt vor der Herausforderung, Wirtschaft integriert zu gestalten und Marken integriert zu führen. Wir bewegen uns hin zu einer offeneren Gesellschaft. Konsumenten sind mündiger und kritischer geworden. Wir haben durch das Internet Zugang zu Unmengen an Informationen. Das gesamte Wissen der Welt liegt vor uns ausgebreitet. Globalisierung geschieht nicht nur auf Märkten. Social Media ermöglichen uns globale Vernetzung und internationalen Austausch. Und auch Marken sind nicht mehr so unnahbar und konstruiert wie sie es in Zeiten des Industriekapitalismus waren. Kunden, Mitarbeiter und andere Stakeholder bekommen Zugang zur Marke und gestalten diese mit.

Wir sprechen immerzu von Unternehmen, Konzernen, Konglo-
meraten und Lobbys. Doch steht hinter all dem immer eins: der
Mensch. Um ihn und seine Umwelt sollte sich auch alles Wirtschaften drehen. Denn am Ende jeder Wertschöpfungskette steht doch
immer der einzelne Mensch, nicht das Unternehmen oder irgend-
welche Interessenverbände. Alles Wirtschaften hat letztendlich
Auswirkungen auf Menschen. Jedes Produkt, das hergestellt und
gehandelt wird, sei es ein Stück Seife, eine Produktionsanlage oder
ein Bagger, soll am Ende des Tages dem Menschen einen gewissen
Nutzen bringen.

Der Grund des Wirtschaftens an sich kann und sollte bereits einen
gewissen gesellschaftlichen Nutzen verfolgen. So kann der Anspruch
eines Unternehmens in der Automobilbranche beispielsweise sein,
Autos zu produzieren oder etwa die Mobilität der Zukunft voranzutreiben, indem es an nachhaltigen Mobilitätskonzepten forscht.
Wichtig ist im Grunde weniger das, was man macht, sondern mit
welchem Anspruch, also warum man es tut. Haltung und Werte sind
ausschlaggebend.

Neue Arbeitsformen und zunehmende Vernetzung führen dazu,
dass klassisches Management nicht mehr zeitgemäß ist. Was die
Wirtschaft braucht ist Leadership und echtes Unternehmertum. Und
vor allen Dingen: Vernetztes Denken und klare Positionierung.

Bei der Fülle von Produkten und Unternehmen fällt es sowohl
Konsumenten schwerer, sich zu orientieren, als auch Unternehmen
sich zu differenzieren. Und hier kommt die Marke ins Spiel. Marken sind kein allzu neues Phänomen. Ihre Vorgänger lassen sich bis
in die Antike zurückführen. Was damals als Herkunftsangabe und
Qualitätssiegel diente, ist heute emotional aufgeladen und verspricht
Eigenschaften und Leistungen über den Gebrauchswert hinaus.
Auch wenn Marken mittlerweile bilanziert und als immaterieller
Unternehmenswert in Geldeinheiten bewertet werden. Starke Marken sind ein Phänomen, zu dessen Erklärung betriebswirtschaftliche
und marketingtheoretische Ansätze nicht ausreichen. Vielmehr sind
sie Teil des kollektiven Gedächtnisses von Gruppen, Nationen und

sogar nationenübergreifend. Sie sind somit ein kulturelles Phänomen und nicht bloß die bewusste Markierung von Produkten und
Dienstleistungen.

Unternehmen inszenieren nicht nur ihre Produkte und Dienstleistungen, sondern auch sich selbst als Marke und kommunizieren
beispielsweise Werte wie Kundenorientierung, Mitarbeiterfreund-
lichkeit, Nachhaltigkeit etc. Was aber – über die Tatsache hinaus,
dass solche Werte meist generisch sind – wenn das, was Unternehmen kommunizieren, nicht damit übereinstimmt, wie sie wahrgenommen werden? Denn häufig passen die kommunizierten Werte und Eigenschaften, die zum Beispiel über die Internetseiten der
Unternehmen verbreitet werden, nicht dazu, wie diese Unternehmen
wahrgenommen werden. Das zu vergleichen ist heute nicht mehr
sonderlich schwer. Rezensionen, Kunden- und Arbeitgeberbewer-
tungsportale im Social Web machen es möglich. In diesem Fall ist
die Wirtschaft ein gutes Stück transparenter geworden.

Den meisten Unternehmen täte mehr Ehrlichkeit und Rückbe-
sinnung auf die eigene Identität gut, statt die Unternehmensmarke
imagebasiert zu führen. Image ist flüchtig und unterliegt dem Zeitgeist, Moden, Trends und nicht zuletzt der Gunst der Zielgruppen.
Jedoch eine bewusst gemachte, starke Identität bleibt konstant. Das
Wesen der Marke besteht nicht in einem Produktnamen, einem La-
bel oder dem Image eines Unternehmens. Diese unterliegen dem
Zeitgeist, Moden und sich ändernden Geschmäckern. Marken sind
im Grunde ein Phänomen, das „auf soziale Mechanismen zurück-
geführt werden kann, vor allem auf Vertrauen und komplementärer
Erwartungskoordination" (Hüllemann 2007). Es existieren diverse Definitionen und Erklärungsansätze der Marke. Diese divergie-
ren je nachdem, von welchem wissenschaftlichen Standpunkt aus
das Thema angegangen wird. In diesem Buch geht es auch weniger
um Definitionen und Theorien zur Marke an sich. Vielmehr soll es
Impulse geben, wie Unternehmen zukünftig bzw. schon heute ihre
Marke führen sollten, um weiterhin ihre Attraktivität als Lieferant,
Produzent, Dienstleister und nicht zuletzt Arbeitgeber zu behalten.

Gerade die in den nächsten Jahren an die Spitze der Wirtschaft drängende Generation der ab 1980 Geborenen, die so genannte Generation Y, verändert Paradigmen. Sie fühlt sich nicht mehr durch Marketingphrasen angesprochen, sondern bevorzugt – als Konsument und als Arbeitnehmer gleichzeitig – authentische Marken, mit denen sie sich identifizieren kann. Marken mit klaren Werten, die nutzen- und sinnstiftend sind. Marken, die auf den Menschen eingehen. Dieses Buch soll Ihnen dabei helfen, solche Marken zu verstehen und selber zu schaffen.

Wird Wirtschaften als Möglichkeit, etwas zu zum Positiven zu verändern, verstanden und der Mensch mit seinem Bedürfnis nach Sinn in den Fokus des unternehmerischen Handelns gerückt, werden Begriffe wie CSR, Wirtschaftsethik oder ethische Markenführung obsolet. Gutes Wirtschaften entsteht aus dem Inneren der Unternehmung heraus, Mission Statements sind Ausdruck gelebter und bewusst gemachter Unternehmenskultur und Nachhaltigkeitsstrategien müssen nicht mehr als Ablassbriefe herhalten.

Köln, im März 2014   Sandro Abbate

Inhaltsverzeichnis

Do something worth remembering.
(Elvis Presley)

Markenführung im Wandel 1

1.1 Ein Plädoyer für die Marke

Nach wie vor wird Marke immer noch häufig missverstanden. Gerade im Mittelstand, dem über 90 % der Unternehmen in Deutschland zuzurechnen sind – in den vielen Familienunternehmen und so genannten Hidden Champions, die überall in der Provinz ihre Werke betreiben und Tag für Tag Innovationen hervorbringen und das Rückgrat der deutschen Wirtschaft ausmachen.

Zwar sind immer mehr Unternehmen zu der Erkenntnis gekommen, dass sie sich mit Markenführung auseinandersetzen sollten. Auch im B-to-B. Das belegen zahlreiche Studien, wie etwa die Studie der Markenberatung cuecon aus 2013, der zufolge ganze 96 % der Unternehmen Marke im B-to-B für relevant halten (cuecon 2013a). Jedoch besagt die Studie auch, dass bislang gerade einmal 62 % bereits eine Markenpositionierung vorgenommen haben. Eine insgesamt jedoch erfreuliche Tatsache, da die Zahl der Unternehmen, die sich mit Marke beschäftigen, zugenommen hat. Trotzdem bestehen noch große Probleme bei der nachhaltigen Führung der Marke und ganz besonders bei der internen Verankerung. Die Wichtigkeit, Marke im Unternehmen zu implementieren, ist vielen noch nicht bewusst. 20 % kommunizieren die Positionierung überhaupt nicht intern.

Die Frage, die sich hier stellt: Was verstehen Unternehmen und insbesondere solche aus dem B-to-B unter Marke?

S. Abbate, *Marken als Sinnstifter*, DOI 10.1007/978-3-658-05020-7_1,
© Springer Fachmedien Wiesbaden 2014

Marke wird viel zu oft noch als Projekt verstanden, das man bei Experten zukaufen kann. Aber genau das ist sie nicht. Genauso wenig wie eine weitere Marketingmaßnahme. Entscheidend für Orientierung und Vertrauensaufbau sind nicht das neu entworfene Logo, Kommunikationsregeln oder die Hochglanzimagebroschüre. Entscheidend ist die innere Wertehaltung im Unternehmen, der Kern der Marke. Markenführung bedeutet bewusst und erlebbar gemachte Werte und deren strategische Nutzung. Diese Werte sind nicht erdacht, sondern tatsächlich im Unternehmen vorhanden. Als Teil der Führungs- und Unternehmenskultur. Der Aufbau einer Marke ist ein intrinsischer Prozess. Und er ist ein bereichsübergreifender Prozess und nicht etwas, das man etwa an die Marketingabteilung delegieren kann. Und genau hier stößt man beim Mittelstand leider noch häufig auf Widerstand. Werte sind nichts Greifbares. Man kann sie nicht zählen, mit Maschinen bearbeiten oder in der Bilanz aufführen. Und doch sind sie wesentliche Voraussetzung für Mitarbeitercommitment, Kundenbindung und Unternehmenserfolg.

Je mehr der Fachkräftemangel und der demografische Wandel zu relevanten Themen für Mittelstandsunternehmen werden desto lauter wird der Ruf nach Employer Branding und Maßnahmen zur Mitarbeiterbindung. Mitarbeiter sollen sich mit ihrem Arbeitgeber identifizieren. Meine Frage an all die Unternehmen, die sich nie positioniert haben, ist daher: „Womit soll sich denn ein Mitarbeiter identifizieren, wenn er nicht einmal ansatzweise weiß, wofür sein Unternehmen eigentlich steht?"

Bei der Menge an unterschiedlichen Definitionen und Beratungsansätzen, die Unternehmen im Mittelstand zum Thema Marke dargeboten werden, ist es nicht allzu verwunderlich, dass dort noch kein wirkliches Bewusstsein für das Thema Marke vorhanden ist. Es ist also Aufklärungsarbeit und Entwirrung nötig. Und ebenso nötig ist es, sich von so manchem Paradigma zu lösen, das entweder heute nicht mehr gilt oder gar noch nie Bestand hatte. Angefangen beim homo oeconomicus bis hin zu dem Irrtum, dass weiche Werte wie Unternehmens- und Führungskultur keinen Einfluss auf den Erfolg eines Unternehmens hätten.

Versuchen wir also noch einmal einzugrenzen, was Marke ist. In der Online-Version des Springer Gabler Wirtschaftslexikons findet man folgende Definition unter dem Stichwort Marke: „Eine Marke kann als die Summe aller Vorstellungen verstanden werden, die ein Markenname oder ein Markenzeichen bei Kunden hervorruft bzw. beim Kunden hervorrufen soll, um die Waren oder Dienstleistungen eines Unternehmens von denjenigen anderer Unternehmen zu unterscheiden." (Springer Gabler Verlag). Diese recht knappe Erklärung bezieht nur Kunden und Produkte ein. Das Phänomen Marke lässt sich aber auf viele andere Bereiche ausweiten. Wenn von Unternehmensmarke oder Arbeitgebermarke die Rede ist, wird nicht nur der Kunde angesprochen, sondern potenzielle Arbeitnehmer, aber auch Lieferanten, Geldgeber oder die Öffentlichkeit im Allgemeinen. Eine Marke beschränkt sich nicht auf Produkte. Unternehmen können Marken sein, Städte und Regionen, ja sogar Menschen sind Marken. Seit den frühen Jahren der Markentechnik, die Hans Domizlaff begründete, hat der wissenschaftliche Diskurs immer wieder neue Paradigmen und Markenansätze hervorgebracht. So wurde angenommen, das Unternehmen könne die Marke kreieren, kontrollieren und managen. Den Konsumenten wurde nur eine passive Rolle als Sendungsempfänger zugesprochen. Der identitätsbasierte Ansatz sieht das Wesen, die Leistung, die Kultur und die interne und externe Kommunikation eines Unternehmens als die Marke ausmachende Faktoren.

Ebenso wie es viele Definitionen und Markenmodelle gibt, existieren verschiedene Ansätze zur Erklärung des Phänomens Marke. Also der Wirkungsweise von Marken auf Menschen. Um die Anziehungskraft von Marken verstehen zu können, sind einige Erkenntnisse aus der Psychologie hilfreich, wenn nicht unerlässlich.

Lange Zeit gingen Ökonomen davon aus, dass Menschen ihre Entscheidungen auf Basis rationaler Überlegungen treffen. Das ist das berühmt berüchtigte Paradigma des Homo oeconomicus. Dabei wurden emotionale Aspekte, ohne die sich Markenwirkungen gar nicht erklären lassen, vernachlässigt. Die Marke wirkt sich im Hintergrund darauf aus, wie ein Produkt oder ein Unternehmen wahrgenommen wird. So beeinflusst sie die Bereitschaft eines Käufers, mehr in ein Auto einer bestimmten Marke zu investieren, obwohl es das Auto baugleich zu einem günstigeren Preis von einem anderen Hersteller gibt. Das ist ganz gewiss keine rationale Entscheidung. Die Marke im Hintergrund grenzt das Produkt ab und umhüllt es mit einem schützenden Rahmen. Als Begründung für solch eine Kaufentscheidung werden meist Eigenschaften des Produktes genannt, die die günstigere Variante jedoch auch in gleichem Umfang zu bieten hätte. Die vermeintlichen Produktvorteile sind austauschbar, das Produkt selbst wird von der Marke überstrahlt, denn was gekauft wurde, ist die Marke. Der Kauf ist Vertrauensbeweis.

Marken übernehmen eine Orientierungsfunktion. Sie sind psychologische Konzepte, kulturelle Konstruktionen, die identitätsstiftend wirken und gar an die Stelle nahezu religiöser Verehrung in einer zunehmend säkularisierten Welt treten. Sie statten Produkte mit einem nicht selten fiktiven Mehrwert, einer gerade bei Konsumgütern häufig illusorischen Identität aus, die zum eigentlichen Objekt der Begierde des Konsumenten wird. Konstruktivistisch betrachtet wird das im Kopf des Konsumenten entstehende Wesen der Dinge sprich der Produkte durch das über den Gebrauchswert hinaus gehende Nutzenversprechen und den Fiktionswert beeinflusst. Es sind vor allem Träume und Sehnsüchte, die hier bedient werden. Eine Marke ist also ein Nutzenbündel auf funktionaler und emotionaler Ebene. Marke ist alles, was aufgrund des funktionalen Nutzens eines Produktes oder eines Unternehmens und der damit verbundenen Emotionen geschätzt wird, dem vertraut wird oder das aufgrund negativer Emotionen abgelehnt wird.

▶   Es stellt sich für Unternehmen nicht die Frage, ob sie eine
     Marke sind. Das sind sie in den meisten Fällen. Die Frage
     ist, ob sie klar positionierte, starke und sinnstiftende Marken sind.

Dabei ist Marke vom Image abzugrenzen. Image ist immer etwas Subjektives und Flüchtiges. Image entsteht allein in den Köpfen der Resonanzgruppen, sprich der Kunden oder allgemein der Öffentlichkeit. Image ist aber auch wandelbar und abhängig von Zeitgeist, Moden und bestimmten Ereignissen. Eine klar positionierte Marke als Ausdruck der Unternehmensidentität ist konsistent. Imageorientierte Markenansätze sind sehr auf Absatzmarkt und Kommunikation fokussiert. Die Perspektive ist damit sehr einseitig. Identitätsorientierte Ansätze der Markenführung sind sowohl nach außen als auch nach innen gerichtet. Sie gehen sogar soweit, zu sagen, dass starke, authentische Marken vom Inneren des Unternehmens nach außen wirken. Markenführung wird nicht als Teil des Marketings, sondern als integrativer Teil der Unternehmensführung begriffen. Marken prägen die Art und Weise, wie man das eigene Geschäft betreibt. Und das von ganz oben an. Der oberste Mitarbeiter, der die Markenwerte vorlebt und den Sinn, den das Unternehmen stiftet, erlebbar und nachlebbar macht, trägt den Markengedanken in alle Bereiche des Unternehmens. Mitarbeiter, die Sinn in ihrer Tätigkeit erkennen und sie als Teil einer kollektiven Nutzenerbringen sehen, weisen höheres Commitment gegenüber dem Unternehmen auf, was sich nicht zuletzt in Effizienz, Qualität und Kundenzufriedenheit niederschlägt.

▶   Markenorientierte Unternehmen sind mittel- und langfristig auch finanziell erfolgreicher.

1.2   Der homo oeconomicus ist tot: Was bedeutet das für Ihr Unternehmen?

Wir Menschen neigen dazu, Dinge und andere Menschen zu kategorisieren, zu vereinfachen und zu verallgemeinern. Der Philosoph Oswald Schwemmer beschreibt Verallgemeinerungen in „Die kulturelle Existenz des Menschen" als Thema der Logik. Der Mensch verallgemeinert, um verstehen zu können. Verallgemeinerungen können als Orientierungsrahmen gesehen werden, mit denen der Mensch seine Welt ordnet – eben indem er Dinge schnell einordnen kann. Ausdrucksformen dafür sind Symbole. Damit sind nicht ausschließlich Zeichen, Abzeichen, Piktogramme und so weiter gemeint. Alles, was eine Ausdrucksqualität hat, dass etwas besagt und eine sinnlich präsente Form hat, ist ein Symbol. Könnten wir uns nicht auf Symbole und symbolische Formen beziehen, wäre es uns Menschen unmöglich, etwas von der Welt, die uns umgibt, zu verstehen. Solche symbolische Formen sind Marken, aber auch Begriffe wie der homo oeconomicus.

Ein Beispiel, das immer wieder Bezug auf den homo oeconomicus nimmt, ist die Markenführung bzw. das Marketing im Business-to-Business-Bereich. Lange Zeit galten Emotionen im B-to-B-Marketing als nicht Erfolg versprechend und nicht angebracht. Die Kommunikation wurde sachlich betrieben, man konzentrierte sich auf die Fakten. Die Ansprache erfolgte ausschließlich auf der kognitiven Ebene und war dementsprechend sehr technisch und sehr trocken, um nicht langweilig zu sagen. Grund dafür war die Annahme, dass es sich bei Einkäufern im Geschäftskundenbereich um Menschen handelt, die ihre Entscheidungen ausschließlich aufgrund rationaler Überlegungen treffen. Eine Art Mensch-Maschine also. Oder eben ein homo oeconomicus. Aber – das mag Sie vielleicht jetzt nicht überraschen: Den homo oeconomicus gibt es nicht. Man trifft ihn weder auf der Straße, noch in Buying-Centern oder Chefetagen von Unternehmen. Er ist lediglich ein abstraktes Konzept, eine Vereinfachung, ein theoretisches Konstrukt.

Er hat die Aufgabe, als Unterstützung zur Analyse ökonomischer Probleme herzuhalten. Ohne ihn wäre es gar nicht möglich, den Faktor Mensch in wirtschaftswissenschaftlichen Theorien abzubilden. Dafür sind wir Menschen mit unseren individuellen Motivationen, Charakteren, kulturellen Hintergründen und sonstigen vielfältigen identitätsbildenden Facetten einfach zu unterschiedlich, zu komplex. In der Realität jedoch lässt sich menschliches Handeln in keine Nutzenfunktion integrieren – auch wenn Leute wie der erste amerikanische Wirtschaftsnobelpreisträger Paul Samuelson seiner Zeit behaupteten, dass jede Form menschlichen Verhaltens sich als Maximierung des Nutzens beschreiben lässt: Je mehr wir von etwas besitzen, desto glücklicher seien wir. Das ist so nicht richtig. Wenn von Glück die Rede ist, sind Emotionen gemeint. Also keine Kommunikation und kein Handeln sind völlig emotionslos möglich.

▶   Der Mensch ist zwar vernunftbegabt, wie der große Aufklärer Immanuel Kant sagte, aber keineswegs allein durch Vernunft motiviert.

Ähnlich wie Kant beschreibt auch der renommierte Markenberater Klaus Brandmeyer, dass zum guten Bild vom selbständigen Individuum auch seine Vernünftigkeit gehöre: „Die Vernunft sei eine allen Menschen gemeinsame Fähigkeit; sie brauchten sie nur konsequent anzuwenden und schon regle sich in der Familie, in der Firma, im Markt alles fast von selbst. So entstand unser Aberglaube von der Überlegenheit des Arguments über das Unvernünftige, Irrationale." (Klaus Brandmeyer 2011).

Auch Forscher wie der amerikanische Psychologe Barry Schwartz halten das Bild eines Menschen, dessen Entscheidungen immer die Folge wohl überlegter Abwägungen sind, für komplett falsch. Jedes Mal, wenn eine Blase wie etwa die Immobilienblase in den USA platzt, sei das ein realer Stachel im Fleisch der auf Rationalität gegründeten ökonomischen Modelle.

Wir sollten also nicht mehr versuchen, den homo oeconomicus anzusprechen, denn, wie jetzt klar sein sollte, geht es auch in der Unternehmenskommunikation immer um zwischenmenschliche Kommunikation. Selbst im B-to-B liest nicht der Einkauf eine Werbebotschaft oder einen Post auf Facebook. Es ist immer ein Mensch, der in seiner Rolle als Einkäufer handelt. B-to-B ist H-to-H – das heißt Kommunikation ganz human von Mensch zu Mensch.

Emotionen haben sehr wohl eine Daseinsberechtigung in der Markenführung im Business-to-Business. Natürlich werden dort Entscheidungen anders abgewogen als beim privaten Kauf einer Stereoanlage oder eines Möbelstücks, aber es sind auch immer Bauchgefühl, Sympathie oder Antipathie beteiligt. Denken und Fühlen lässt sich nicht trennen. Im limbischen System werden emotionsbasiert bereits Entscheidungen getroffen, bevor das Großhirn und die Vernunft sich überhaupt einschalten.

▶ Im Grunde gibt es beim Menschen nur zwei mögliche Entscheidungen: Ja, finde ich gut. Nein, mag ich nicht. Das ist unser Erbe aus der Reptilienzeit.

Beim ersteren hat er ein gutes Gefühl, beim zweiten nicht. Jede Entscheidung, jede Handlung ist mit Emotionen verknüpft. Marken, die Emotionen nicht oder nur in geringem Maß ansprechen, sind für das menschliche Gehirn nicht zu gebrauchen. Die Neurobiologie bestätigt uns das mittlerweile auch wissenschaftlich und macht die Tore für wissenschaftliche Disziplinen wie Neuromarketing und Neuroökonomie auf. Seit dem 18. Jahrhundert, also seit der Aufklärung, haben Emotionen ein fragwürdiges Image und gelten als schwer kontrollierbar und irrational. Dennoch sind sie das Motiv überhaupt für das Verhalten der Kunden eines Unternehmens. Die Trennung von Ratio und Emotion ist ein Mythos. Man kauft, was einem sympathisch ist, und ebenso arbeitet man mit Unternehmen zusammen, die einem sympathisch sind. Sie müssen einem einfach das richtige Gefühl geben. Erfolgreiche Marken müssen also im Umkehrschluss die richtigen Emotionen auslösen, ein gutes Gefühl vermitteln. Menschen werden emotional eingebunden, wenn sie mehr erhalten als das reine Produkt oder das Produktversprechen. Starke Marken bieten einen ideellen Mehrwert, der die Kunden fasziniert, sie fesselt, unterhält, sie emotional berührt.

Interessant ist es, sich im Zusammenhang mit Emotionen in der Markenführung die Limbic Map von Dr. Hans-Georg Häusel anzu-

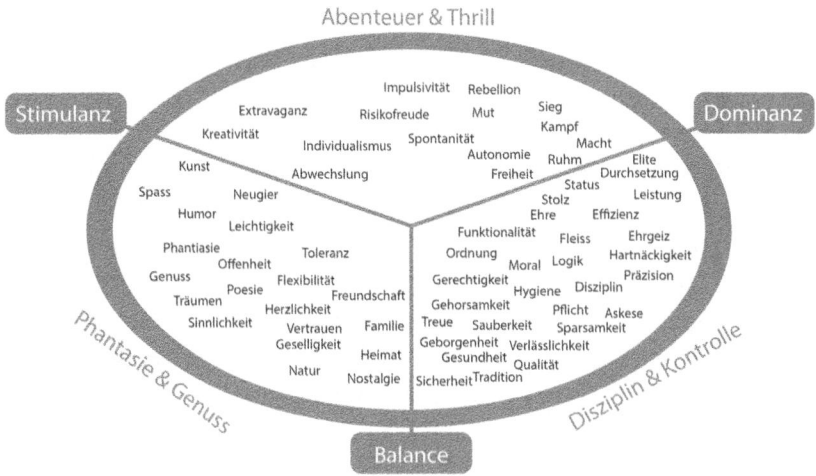

Abb. 1.1 Limbic-Map nach Häusel

schauen (siehe Abb. 1.1). Die Limbic Map ist ein Motiv- und Emotionsstrukturmodell, das Einblicke in bewusste und unbewusste Motivstrukturen ermöglicht. Sie beruht auf Erkenntnissen der Hirnforschung, der Psychologie und der Evolutionsbiologie und verknüpft diese mit empirischer Konsumforschung. Laut Häusel sind folgende drei Emotionssysteme die wichtigsten:

- Das Balance-System (Ziel: Sicherheit, Risikovermeidung, Stabilität)
- Das Dominanz-System (Ziel: Selbstdurchsetzung, Konkurrenzverdrängung, Status, Macht, Autonomie)
- Das Stimulanz-System (Ziel: Entdeckung von Neuem, Lernen von neuen Fähigkeiten)
  (Häusel 2011)

Nur Marken, die im Kopf des Konsumenten ein klares emotionales Feld besetzen, setzen sich im Markt erfolgreich gegen den Wettbewerb durch. Der wahrgenommene emotionale Markenkern ergibt sich aus der Summe der Motive, die durch die Marke und die Markenkommunikation bewusst oder unbewusst adressiert werden.

Mit Limbic® ist es möglich, Erfolg versprechende Positionierungen sichtbar zu machen, Doppelbesetzungen von Positionierungsfeldern aufzuzeigen und relevante Differenzierungen gegenüber dem Wettbewerb zu identifizieren.

Die (emotionale) Markenpositionierung bildet die Grundlage für die Umsetzung in das strategische und operative Marketing und definiert den Markenauftritt, sowie die abgeleitete Marken-Kommunikation. (Gruppe Nymphenburg 2011)

Emotionale Markenführung bedeutet die Marke mit positiven Emotionen aufzuladen. Und zwar nicht nur das Produkt betreffend, sondern an allen Markenkontaktpunkten.

1.3   Die Werbe-Ära ist vorbei: Markenkommunikation wird zu Markendialog

Die Zeiten der monologischen Kommunikation sind vorbei. Heute beginnt Kommunikation mit Zuhören. Ich glaube, das kann ich so stehen lassen ohne eine Welle der Empörung befürchten zu müssen. Es lässt sich nicht leugnen, dass sowohl Wirtschaft als auch die Gesamtgesellschaft in den letzten Jahrzehnten tiefgreifende Veränderungen durchgemacht haben. Um es auf den Punkt zu bringen, handelt es sich um die Transformation von der Industriegesellschaft zur Wissensgesellschaft.

> ► Die in der Marketingbranche vorherrschende, militärisch anmutende Haltung, die von Targeting, Reichweiten und Zielgruppen spricht, verfehlt ihr Ziel. Big Data hin oder her, die großen Strategen wissen nicht, mit wem sie es zu tun haben. Der Mensch ist kein auf Daten reduzierbares Wesen.

Die wirtschaftlichen Umwälzungen haben natürlich auch vor der Kommunikation nicht halt gemacht. Einseitige Kommunikationskanäle haben weitestgehend ausgedient. Vielmehr als früher gilt es zuzuhören, zu antworten und zu handeln. Der Bereich, in dem das am stärksten spürbar wird, ist selbst Kind dieser Entwicklung: Social Media. Die Unternehmensaktivitäten auf Plattformen wie Facebook, Twitter oder LinkedIn nehmen weiter zu. Erfolglos bleiben dabei die Unternehmen, die Social Media nur als weitere Marketingkanäle betrachten. Denn genau darum geht es eben nicht. Social Media Engagement beginnt immer mit Zuhören. Es sind meist die Konsumenten, die Kunden, von denen der Dialog ausgeht. Und die Fähigkeit zuzuhören setzt eine offene Grundhaltung, authentisches Auftreten und vor allem ehrliches Interesse am Kommunikationspartner voraus.

Das ist alles nicht so neu wie es scheinen mag. Bereits zu Beginn der 1980er Jahre hat der Philosoph und Soziologe Jürgen Habermas seine Version einer Diskursethik entworfen. Für die Geltung eines Arguments fordert er Verständlichkeit, Wahrheit, Richtigkeit und Wahrhaftigkeit. Für die Kommunikation gilt, dass man nur das sagt, was man selbst auch glaubt. Darüber hinaus muss jeder Dialogpartner die Möglichkeit haben, eigene Behauptungen oder Meinungen in die Diskussion einzubringen. Im Grunde sind das recht einfache Regeln, die jedoch in der Vergangenheit insbesondere in der Wirtschaft allzu oft missachtet wurden. Doch Konsumenten und auch Kunden im B-to-B sind kritischer geworden. Vor allem aber sind sie besser informiert denn je. Unaufrichtige Kommunikation wird heute rasch aufgedeckt und hat schnell den gegenteiligen Effekt. Hinter der Bereitschaft zum Dialog auf Augenhöhe muss eine grundsätzlich offene und wohlwollende Haltung stehen. Sonst bleibt es beim nichts bewegenden Monolog.

Authentische Kommunikation benötigt ein hohes Maß an Ehrlichkeit. Auch wenn es um unbequeme Wahrheiten geht, etwa den Abbau von Arbeitsplätzen. Gerade bei solch einem heiklen Thema ist jedoch nicht nur das Was zu beachten, sondern auch wie man seine Botschaft vermittelt. Im Jahr 2004 hat die Deutsche Bank ihren Nettogewinn 2004 um 87 % auf 2,55 Mrd. € steigern können. Trotz

Gewinnsteigerung kündigte Josef Ackermann damals einen Stellen-
abbau an, um Renditeziele zu erreichen. Er sprach damals von 1920
Stellen netto. Man kann es nicht anders sagen, aber das war eine sehr
ehrliche und authentische Stellungnahme. Jedoch fehlte eine ganz
entscheidende Sache dabei: Empathie. Bei der Überlegung, was man
zu sagen hat, sollte man sich auch bewusst machen, zu wem man
spricht und welche Konsequenzen der Inhalt des Gesagten für Menschen gegebenenfalls hat. Den Abbau von fast 2000 Arbeitsplätzen
als eine Netto-Kennzahl, in der also bereits Neueinstellungen ver-
rechnet wurden, darzustellen, zeugt nicht sehr von Einfühlungsver-
mögen vor dem Hintergrund, dass hier eben knapp 2000 Menschen
ihren Job verlieren und dies ein tiefgreifender Einschnitt für sie und
ihre Familien bedeutet.

Die Amerikaner Rick Levine, Christopher Locke, Doc Searls und
David Weinberger haben 1999 95 Thesen zum Verhältnis von Unternehmen und ihren Kunden im digitalen Zeitalter veröffentlicht: das
Cluetrain Manifest. Die erste These des Cluetrain Manifest lautet:
„Märkte sind Gespräche" (cluetrain.com 1999). Wenn Märkte Gespräche sind, könnte man Marken als Vertrauensbeziehungen sehen.
Offener und ehrlicher Dialog birgt große Chancen, um die Unternehmensmarke nach außen zu transportieren und ihr ein Gesicht
zu geben. Die Frage, die Unternehmen sich stellen sollten, ist nicht,
ob sie in Social Media aktiv werden wollen, sondern, ob sie bereit
sind für eine offene Kommunikation, die auch Kritik bedeuten
kann. Ehrlichkeit und Authentizität werden jedoch belohnt. Vorletz-
te Cluetrain-These: „ Den traditionellen Unternehmen mögen die
vernetzten Gespräche verworren und verwirrend erscheinen. Aber
wir organisieren uns schneller als sie es tun. Wir haben die besseren
Werkzeuge, mehr neue Ideen und keine Regeln, die uns aufhalten."
(cluetrain.com 1999)

►   Empathie und soziale Intelligenz werden immer wichtiger
      für den Erfolg eines Unternehmens in Zeiten, in denen
      Wertschöpfung zu einem kooperativen Akt wird.

Ein weiterer Trend, mit dem man sich wohl in nächster Zeit kritisch auseinandersetzen sollte, ist Big Data. Unternehmen nutzen nur einen Bruchteil der ihnen zur Verfügung stehenden Daten über ihre Kunden. Es ist wohl wahr, dass es Unmengen an wirr gesammelten Kundendaten gibt, die auf irgendwelchen Servern ohne System und Struktur gespeichert wurden. Daten, die täglich durch Kundenkarten, Marktforschung, Social Media etc. das Kauf- und Kommunikationsverhalten von Menschen angeblich widerspiegeln. Und da kommen wir auch schon zum Punkt. Es sind Menschen, die hinter diesen Daten stehen. Und deren Entscheidungen werden nur in den seltensten Fällen rational getroffen. Auch wenn es beispielsweise im B-to-B immer wieder so propagiert wird – kein Mensch handelt ausschließlich rational. Das habe ich ja bereits zum Paradigma des homo oeconomicus geschrieben. Und genauso, wie die Entscheidungen eines Einkäufers aus dem Bauch heraus getroffen werden können, weil eben Vertrauen eine ebenso große Rolle spielt wie Qualität und Preis, können Daten und aus ihnen gewonnene Verhaltens- und Wertmuster falsch liegen, weil der Mensch eben nicht berechenbar ist, sondern ein zutiefst unvernünftiges Wesen. In allen diesen gesammelten Daten finden sich neben vermeintlichen Vorlieben und Einstellungen auch Irrtümer, Fehlkäufe und jede Menge Zufälle. Die Annahme, durch Big Data einen gläsernen Kunden zu erhalten, dessen Handeln wir voraussagen können, ist nichts anderes als ein Trugschluss. Überspitzt gesagt: Big Data erscheint mir wie Rasterfahndung auf der Jagd nach dem zahlenden Kunden. Wenn man sich überlegt wie viele Unschuldige bereits bei der Rasterfahndung in Verdacht geraten sind, sollten einem Zweifel kommen. Es gibt in der heutigen Zeit keine Methode, keinen Computer und keine Maschine, die Facetten der Identität eines Menschen auch nur ansatzweise vollständig ergründen könnte. Vorlieben, Geschmäcker und Einstellungen ändern sich zudem im Laufe der Zeit. Identität bleibt. Im Endeffekt ist und bleibt unser Nächster uns ein Rätsel. Den großen Daten fehlt einfach die Empathie. Nicht nur der Mensch führt die Marke, sondern auch die Marke den Menschen. Wenn es Ihrer Marke gelingt, Vertrauen aufzubauen, findet sie auch „ihre" Kunden.

Brand Content Auch das Content Marketing ist zum Hype-Thema gemacht worden. Und auch hier ist wie bei allen Wunderwaffen des Marketings Vorsicht geboten. Ich bin davon überzeugt, dass sich mit einer guten Content-Strategie Menschen erreichen lassen, die man etwa über Werbung nicht ansprechen könnte. Und dennoch ist Content-Marketing kein Allheilmittel. Wenn Sie sich nicht sicher sind, ob sie etwas um Ihre Marke herum zu erzählen haben, das auch über genügend Relevanz verfügt, dann fragen Sie sich einmal, ob das Thema jemanden interessieren würde, wenn es Ihre Marke nicht gäbe. Besser noch: Fragen Sie sich, was Menschen wohl vermissen würden, wenn Ihre Marke von heute auf morgen verschwinden würde. Wenn Ihnen dazu nichts Konkretes einfällt, sollten Sie überdenken, ob Content-Marketing das Richtige für Ihre Marke ist. Wenn Sie allerdings gute Antworten darauf haben, können Sie überlegen, ob Sie um den besonderen Sinn, den Nutzen, den Ihre Marke für Ihre Kunden hat, Geschichten spinnen können. Das hat den Vorteil, dass Ihre Kommunikation weniger egozentrisch wirkt. Es muss sich nicht immer alles explizit um Ihr Unternehmen und Ihre Marke drehen. Wenn Sie Maschinen herstellen, die Ihren Kunden ihre Arbeit vereinfachen, dann nehmen Sie Vereinfachung als Thema, nicht die Maschine. Wenn Sie Automobilkomponenten herstellen, dann erzählen Sie nicht von Ihrer neuesten Stanze, sondern reden Sie von der Mobilität der Zukunft und lassen Sie auch Ihre Dialogpartner teilhaben. Tauschen Sie sich aus. Lassen Sie Rückmeldungen zu. Im Idealfall ist eine Content-Strategie eine Win-Win-Situation für Kunden und Marke. Dazu gehören Medien- und Unterhaltungsangebote, die nicht als Werbung wahrgenommen werden, jedoch die Kernbotschaft der Marke transportieren. Für den Kunden ergibt sich der Mehrwert aus der Interaktion und für die Marke aus der intensiven Zuwendung der Zielgruppe bzw. Resonanzgruppe. Resonanzgruppe, weil Stakeholder nicht mehr nur als Empfänger von Botschaften fungieren, sondern zu Multiplikatoren und Markenbotschaftern werden. Gerade in den sozialen Netzwerken werden

Inhalte, die interessant sind und einen Mehrwert bieten, von den Usern geteilt und verbreitet.

Generell ist Vorsicht geboten, das Thema Marke in unterschiedliche Teilbereiche zu zersplittern. Man gewinnt schnell den Eindruck, dass Unternehmen heute eine Unternehmensmarke und eine Arbeitgebermarke aufbauen und darüber hinaus digitale und interne Markenführung betreiben müssen. Das ist falsch. Marke wirkt übergreifend in allen diesen Teilbereichen.

1.4 Markenführung in Social Media: Experteninterview mit Prof. Dr. Klemens Skibicki

Dr. Klemens Skibicki ist Professor für Marketing und Marktforschung an der Cologne Business School. Thematisch setzt er sich mit dem Bereich Internet, hier speziell mit Social Media-Marketing und den gesellschaftlichen Auswirkungen der sozialen Medien auseinander. Darüber hinaus ist er mehrfacher Buchautor und als Berater im Bereich der Entwicklung und Anwendung nachhaltiger, Fach übergreifender und wissenschaftlicher Social Media-Analysen und -Strategien tätig.

Social Media bieten Unternehmen die Möglichkeit, sich weltweit mit ihren Stakeholdern zu vernetzen und auszutauschen. Was unterscheidet die Markenkommunikation im Social Web von der konventionellen Kommunikation?

Genau dieses „Austauschen" ist der Unterschied. In der klassischen Kommunikation hat man eher versucht, Marken zu inszenieren und massenhaft diese Inszenierung zu erzählen – mit der Hoffnung, dass dies akzeptiert wird. Markenkommunikation 2.0 erfolgt hingegen im Dialog also mit Feedback und Verbesserung. Dies ist eine Chance, denn jetzt kann man testen, was ankommt und was nicht anstatt die Menschen erfolglos auf allen Kanälen „anzubrüllen".

Welche sind die größten Fehler, die eine Marke in Social Media begehen kann?

Dass sie nicht verstehen, dass das Social Web eben ein Dialog ist und mit zuhören beginnt. Wenn man hier einseitige Sende-Kommunikation versucht, wird man erfolglos und vor allem hinter den Möglichkeiten bleiben.

Können Sie ein Beispiel für gut funktionierende Markenführung im Social Web nennen?

In Deutschland fällt mir da vor allem „dm" ein, die agieren im Social Web genauso wie in der Offline-Welt und dies ist authentisch!

Wie wichtig sind Werte, Haltung und Authentizität in der so genannten digitalen Markenführung?

Gerade schon angesprochen bei dm. Das Social Web entlarvt Lügen, Überredungskünste und Fakes durch die Kommentare der Menschen da draußen, also die Crowd.

Konsumenten und Mitarbeiter wollen heute vermehrt den Sinn, der hinter einer Marke steht, erkennen. Wie befriedigt man dieses Sinnbedürfnis in Social Media?

So wie sie sonst im Dialog auf einer Gartenparty auch ein Sinnbedürfnis befriedigen würden – authentisch und dialogisch kommunizieren und dabei gut zuhören, was das Gegenüber möchte.

1.5 Ethik versus Moral: Der Unterschied zwischen Sinn und Ablasshandel

Spätestens seit der Finanzkrise 2008 hat die Wirtschaft immens an Vertrauen einbüßen müssen. Ethisch fragwürdiges Verhalten verunsichert die Konsumenten und lässt auch das Vertrauen in Marken sinken. Denn Marken sind Versprechen. Markenführung kann nur funktionieren, wenn diese Versprechen gehalten, Erwartungen erfüllt und Unsicherheiten vermieden werden. Nur dann wird Vertrauen aufgebaut. Gemeinsame Werte und das Handeln nach ethischen Prinzipien fördern den Vertrauensaufbau.

„Ethik ist der Versuch, die unter Menschen unweigerlich auftretenden Interessenkonflikte so zu lösen, dass alle Betroffenen diese Lösung als möglichst fair erachten" (Schmidt-Salomon). So definiert der Philosoph Michael Schmidt-Salomon den Begriff in seinem Manifest des evolutionären Humanismus. Ethik versucht im Rahmen vernünftigen Denkens Lösungen zu finden und setzt somit eine gewisse Offenheit voraus, sich mit Problemstellungen auch aus der Sicht des anderen zu befassen. Dem entgegengesetzt sind moralische Prinzipien immer kategorische Prinzipien. Es geht also um Gebote und Verbote. Die Moral ist ein bestehendes System an Regeln, Normen und Wertmaßstäben. Moral kann somit sehr subjektiv sein. Moral kann durch Ideologien bestimmt werden. Nehmen wir beispielsweise die Moralvorstellungen der katholischen Kirche. Christliche Moral ist immer die Auslage von Menschen, die etwa bestimmte Schriften, welche in die Bibel aufgenommen wurden, als allgemein gültige Vorschriften betrachteten. Daraus ergibt sich ein Wertesystem, an das sich weltweit Millionen Menschen mehr oder weniger halten und das die Wertvorstellungen unterschiedlicher Kulturen maßgeblich beeinflusst. Wir erlernen Werte innerhalb unserer Kultur so wie wir unsere Muttersprache erlernen. Moralvorstellungen können sich ändern, sich weiterentwickeln, der Zeit anpassen oder eben überholt sein.

Wenn wir jedoch von Ethik sprechen, befinden wir uns sozusagen auf einer Meta-Ebene. Ethik ist das Nachdenken über Moral oder Moralphilosophie. Sie reflektiert menschliches Handeln und Werte. Sie ist das System, mit dessen Hilfe eine bestimmte Handlung als moralisch oder eben unmoralisch eingestuft werden kann. Ethische Normen und Werte leiten sich stets aus der Verantwortung gegenüber anderen her.

So gibt es immer noch Moralvorstellungen in der Wirtschaft, die aus Zeiten der Industrialisierung stammen. Auch wenn noch genügend Menschen versuchen, an solchen Werten festzuhalten, schreiten wir weiter auf ein Wirtschaftssystem zu, in dem Individualismus und Eigenverantwortung von immer größerer Bedeutung sind. Integre Führungskräfte und Mitarbeiter sind ebenso wichtig wie eine angemessene Organisationsstruktur im Unternehmen. Hier kommen wir auch wieder zum Zuhören. Unternehmen, die verantwortungsvoll handeln, hören nicht nur ihren Mitarbeitern und ihren Kunden zu, sondern auch allen anderen, die durch das eigene Handeln berührt werden. Das Unternehmen engagiert sich als Teil der Gesellschaft, das Unternehmen wird Bürger. Nichts anderes ist Corporate Citizenship. Dem anderen zuhören und seine Belange berücksichtigen.

Hat sich diese Haltung entwickelt, werden spezielle Corporate Social Responsibility-Strategien, die meist durch äußeren Druck auf das Unternehmen entstehen, nicht mehr in dem Maße benötigt. Unternehmen, deren Führung und Mitarbeiter nach dem Wert arbeiten, der Allgemeinheit zu nutzen und möglichst niemandem zu schaden, handeln automatisch ökologisch, ökonomisch und sozial nachhaltig. Statt auf der Verhaltensebene, muss ein Umdenken auf Ebene des Glaubenssystems, also der Werte, und auf Identitätsebene stattfinden. Bevor ich mich frage, wie ich verantwortungsvoll handeln kann, sollte mir klar sein, warum ich das tun sollte und was meine Rolle in der Gesellschaft ist. Das ist im Grunde der Unterschied zwischen Moral und Ethik. Moral, die einen gewissen äußeren Druck aufbaut und zu bestimmtem Handeln drängt und Ethik, die quasi von innen heraus auf Basis eines – nennen wir es gesunden Menschenverstandes – zu sinnvollem Handeln anleitet.

Wie bereits gesagt, das Vertrauen in Unternehmen ist geringer geworden. Insbesondere Konzerne haben ein Glaubwürdigkeitsproblem bekommen. Ihren Managern wird Gier attestiert. Das Problem liegt hier, wie so oft, in der Verhältnismäßigkeit. Gier ist im Grunde nur die Übertreibung einer an sich positiven Sache, denn jeder Mensch möchte in erster Linie, dass es ihm gut oder besser geht. Wie sollte es da anders sein, als dass Unternehmen profitorientiert handeln? Solange das nicht der einzige Anspruch eines Unternehmens ist, würde ich das nicht als verwerflich bezeichnen. Allerdings sollten Unternehmen, die zukunftsfähig sein und bleiben möchten, sich mit Themen auseinandersetzen, die über monetäre Ziele hinausgehen. Themen, wie die Frage, was sie durch ihr unternehmerisches Handeln positives in der und für die Gesellschaft bewirken können. Als Teil der Gesellschaft ist dieser Ansatz nicht einmal als absolut altruistisch anzusehen. Man sorgt sich um die Gesellschaft, da es einem selbst nicht besser gehen kann, wenn es der gesamten Wirtschaft nicht gut geht. Die Auseinandersetzung mit Corporate Citizenship, Business Ethics, CSR und so weiter erfolgt ganz klar auch im Eigeninteresse der Unternehmen und daran ist ebenfalls nichts verwerflich. Wenn wir uns als Einzelne den Fakt, dass unser Handeln immer Folgen für Menschen und nicht für abstrakte Dinge wie Unternehmen oder Konsumenten hat, bewusst machen, sollte es uns leichter fallen, Verantwortung zu übernehmen und mehr Authentizität zu wagen – in jedem Bereich unternehmerischen Handelns. Beginnen wir damit, unsere Kunden, Lieferanten und Wettbewerber als Mitmenschen zu sehen, öffnen wir uns für so manch neuen Aspekt, der uns hilft, uns weiterzuentwickeln und neue Lösungen zu finden. Wirtschaft sollte nicht als Werkzeug zum Erzielen von Profiten gesehen werden, sondern in erster Linie als Dienstleister der Gesellschaft. Wirtschaften stiftet Nutzen, indem es Probleme löst und Bedürfnisse befriedigt. Erstes Ziel hierbei ist natürlich, für alle Mitglieder der Gesellschaft die Lebensgrundlagen zu erhalten. Das heißt aber nicht nur Produkte bereitzustellen, die für das tägliche Überleben und die Befriedigung weniger existenzieller Bedürfnisse nötig sind. Unternehmen sind auch in der Verantwortung, Ressourcen für nachkommende Generationen zu erhalten, so dass auch deren Bedürfnisse gedeckt werden können. Natürlich ist das nicht in allen Bereichen möglich. Ob wir es wollen oder nicht, uns werden eines Tages die fossilen Brennstoffe ausgehen. Daran ändert auch nachhaltiges Wirtschaften nichts.

Ob wir aber von Ende der Ölreserven überrollt werden oder darauf vorbereitet sind, lässt sich sehr wohl beeinflussen. Beispielsweise, indem die Automobilindustrie in die Entwicklung von Elektromobilitätskonzepten investiert, um später nicht mehr auf erdölbasierte Treibstoffe angewiesen zu sein. Das ist doppelt nachhaltig, da wir so auch in Zukunft mobil bleiben und darüber hinaus auch die Erwerbsgrundlage der Unternehmen, die im Automobilsektor tätig sind, erhalten bleibt. Gewinn ist somit nicht Geschäftszweck, sondern Konsequenz aus oder, wenn man so will, Belohnung für der Lösung von Problemen. Marken, die Sinn stiften, sind immer Teil eines großen Ganzen. Sie sind sich darüber bewusst, dass es ihr Existenzzweck ist, konkrete gesellschaftliche und individuelle Probleme zu lösen und tragen dazu bei, dass bestehende Bedürfnisse auch in Zukunft befriedigt werden können. Unternehmen, die wirklich nachhaltig wirtschaften, beziehen unterschiedliche Stakeholder in ihre Strategien mit ein, da ihr Handeln immer auch Auswirkungen auf ganz unterschiedliche Personengruppen hat. Statt Shareholder Value stehen die Menschen, die von den Entscheidungen des Unternehmens tangiert werden, im Vordergrund. Und zwar nicht nur die Menschen, die heute betroffen sind, sondern auch zukünftige Generationen. Solche Unternehmen denken langfristig und global. Und dennoch beginnen sie mit ihrer Stakeholder-Ausrichtung im Innern des Unternehmen. Ihnen ist klar, dass Wirtschaft im Sinne von Anbieten und Nachfragen eine der ureigensten Erscheinungen unserer Kultur ist. Kultur oder kulturelle Einheiten werden bestimmt durch die Einheit der vorhandenen Werte.

Die Kulturrevolution herbeiführen Was ich hier Revolution nenne, mag vielleicht für das eine oder andere Unternehmen mittlerweile gar nicht mehr so ungewöhnlich und neu sein. Und doch glaube ich, dass in der Unternehmens- und Mitarbeiterführung ein Umdenken notwendig ist, das einer Umwälzung herkömmlicher Formen bedarf. Gerade im Mittelstand herrschen noch häufig nahezu archaische Strukturen, die Innovation und Identifikation bei den Mitarbeitern verhindern. Ich habe solche Unternehmen selbst kennenlernen müssen und weiß daher, wovon ich spreche. Laut dem Gallup Engagement Index 2012 (siehe Abb. 1.2) fühlen sich nur 15 %

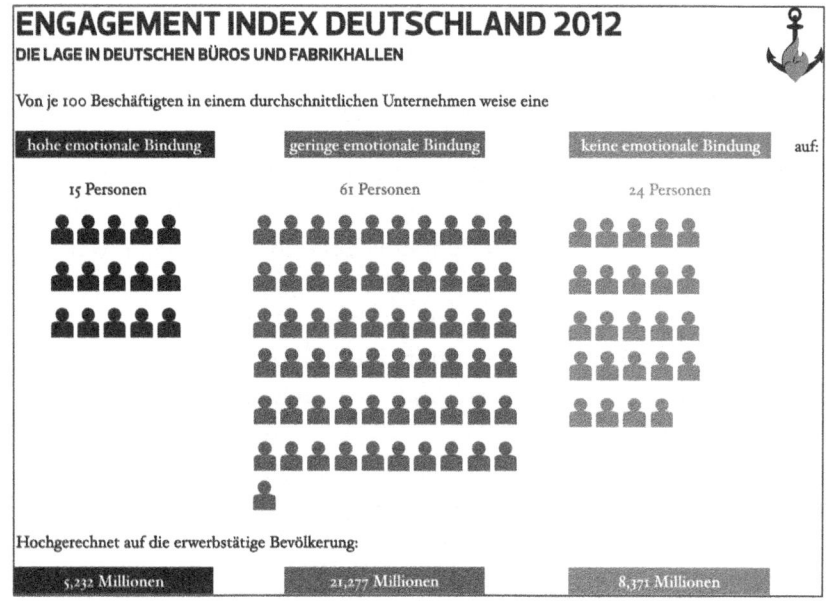

Abb. 1.2 Gallup Engagement Index (eigene Darstellung/vgl. gallup.de)

der Mitarbeiter in deutschen Unternehmen an ihren Arbeitgeber gebunden und sind bereit, sich freiwillig für dessen Ziele einzusetzen. Andersherum: 85 % stehen nicht hinter den Zielen ihres Unternehmens. 24 % haben sogar keinerlei emotionale Bindung zu ihrem Arbeitgeber.

Es gibt Geschäftsleiter, die es hervorragend schaffen, mit dem Anspruch, alle Prozesse und jegliche Kommunikation innerhalb des Unternehmens unter Kontrolle zu halten, ein Klima der Unsicherheit, der Unverbundenheit und Unzufriedenheit zu schaffen. Die Folgen sind Dienst nach Vorschrift, hohe Krankenstände, hohe Fluktuationsrate und die innere Kündigung ursprünglich motivierter Mitarbeiter. Wer eine starke und vertrauenswürdige Marke aufbauen will, muss sich auch um die Unternehmenskultur Gedanken machen. Marke entsteht in Unternehmen von innen nach außen und entfaltet von dort aus an sämtlichen Kontaktpunkten ihre Wirkung. Kommunikation und Unternehmensrealität müssen sich entsprechen, um

Authentizität zu gewährleisten. Wie soll also eine vertrauenswürdige Marke entstehen, wenn innerhalb des Unternehmens ein Klima des Misstrauens besteht und die Mitarbeiter bevormundet werden? Markenmanagement ist immer auch Wertemanagement. Geht man der Frage nach, wo im Unternehmen oder auch sonst in der Gesellschaft sich Werte manifestieren, wird man zu folgender Lösung kommen: in der Kultur! Im Grunde besteht eine gemeinsame Kultur, wenn in einer Gruppe von Menschen vornehmlich gleiche Wertvorstellungen bestehen, die die Gruppe zusammenhalten. Werte wirken gemeinschaftsfördernd, Werte stiften Identität. Innerhalb der Kultur werden Werte lebendig. Werte und somit die Unternehmenskultur sind die Basis einer Marke. Werte zu fördern und vorzuleben wiederum ist Sache der Führung. Keine Markenführung also ohne Unternehmensführung und der Mitarbeiter.

Die eigene Unternehmenskultur beschreiben Die eigenen Unternehmenskultur zu beschreiben fällt vielen schwer, da sie kein harter Wert ist, nichts Greif- oder Zählbares. Und doch ist sie ein wichtiger Erfolgsfaktor für Unternehmen und nicht etwas, das man getrost vernachlässigen kann, weil ja häufig in der Management-Denke nur harte Zahlen und Fakten von Bedeutung sind. Eine starke Unternehmenskultur ist die Basis entsprechend guter Zahlen. Wenn Ihre Marke Differenzierung bieten soll, muss sie auf Werten basieren, die authentisch und relevant sind und Mehrwert bieten. Und zwar nach innen und außen. Ihr Ziel sollte es sein, die Werte, für die Ihre Marke steht mit den bestehenden Werten innerhalb Ihres Unternehmens zu synchronisieren. Wenn Sie eine Marke aufbauen möchten, der Vertrauen geschenkt wird, muss auch innerhalb Ihres Unternehmens ein Klima des Vertrauens herrschen. Mitarbeitern, denen kein Vertrauen entgegengebracht wird, die nicht dazu angehalten werden, selbständig und eigenverantwortlich zu arbeiten, werden langfristig nicht Vertrauen nach außen transportieren können. Die Unternehmenskultur setzt sich auch nach außen hin durch – Marke wirkt von innen nach außen. Gerade im B-to-B-Bereich ist das ein nicht zu unterschätzender Faktor, weil hier insbesondere die Mitarbeiter als wichtigster Kontaktpunkt der Marke zu Kunden zu sehen sind.

Achten Sie daher darauf, dass Werte authentisch sind und in konkretes Verhalten übersetzt werden können, wenn Sie Ihre Marke positionieren. Abstrakte oder nichts sagende Werte haben keinen Wert. Werte müssen zum Handeln anleiten können. Sie sollten dementsprechend auch nicht als starres Regelwerk formuliert sein, sondern den Rahmen für markenkonformes, aber dennoch eigenverantwortliches Handeln bilden. Wo wir wieder beim Vertrauen wären.

Den meisten Unternehmen täte etwas mehr Offenheit gut. Das schließt eine ehrliche Kommunikation innerhalb der verschiedenen Unternehmensbereiche, zwischen Unternehmensführung und mittlerem Management und mittlerem Management und Fachbereichen ein. Etablieren Sie Feedbackkultur. In Sachen Feedback besteht in Deutschland ohnehin Nachholbedarf, also seien Sie doch Vorreiter. Feedback heißt nicht, dass permanent gelobt werden soll. Vielmehr sollte über Dinge, die gut gelaufen sind gesprochen, als auch über negative Ereignisse.

Das sollte aber nicht in Form von Tadeln geschehen, denn darin sind deutsche Unternehmen recht gut. Machen Sie Kritik an sachlichen Problemen nicht zur persönlichen Kritik an Ihren Mitarbeitern. Voraussetzungen für eine gute Kommunikation sind ein ehrliches Interesse – nicht nur für die Lösung des Problems, sondern auch für den Kommunikationspartner, eine grundsätzlich wohlwollende Haltung und ein hohes Maß an Empathie. Versuchen Sie die Situation Ihres Gegenübers zu verstehen und zwischen den Zeilen zu lesen. Und machen Sie sich immer bewusst, welche Emotionen Sie selbst mit dem jeweiligen Thema verknüpfen. Feedback muss immer brauchbar für denjenigen sein, der es bekommt. Das heißt, er muss es auch annehmen können, es muss konstruktiv und lösungsorientiert sein. Feedback eröffnet neue Lösungswege, während Tadel einschüchtert und lähmend wirkt.

Unternehmen können nur dann langfristig erfolgreich sein, wenn sich die Mitarbeiter mit ihrem Unternehmen identifizieren.

Sie wollen erkennen, worin der Sinn ihrer Tätigkeit liegt und wofür ihr Arbeitgeber steht. Es ist kein leichtes Unterfangen, eine überzeugende, authentische Unternehmensvision zu formulieren, zu der die Menschen im eigenen Unternehmen eine persönliche Bindung haben. Aber es ist eine lohnenswerte Aufgabe, denn die Vision erläutert den Zusammenhang zwischen der Handlung und den Zielen des Unternehmens, gibt Orientierung, motiviert und schafft Gemeinsamkeit. Eine gute Vision wirkt sich unmittelbar auf die Unternehmenskultur aus. Jedoch funktioniert auch das nur, wenn diese Vision wirklich gelebt wird.

Unternehmenskultur schafft Leitlinien. Sie definiert in einem Unternehmen, was legitimes, erwünschtes Verhalten ist und was nicht. Die Kultur einer Marke stellt ihr Selbstverständnis dar. Sie gibt klare Orientierungshilfen, die sich nach innen und außen auswirken. Unternehmenskultur ist also nicht nur bei der Entwicklung von Führungsleitlinien, sondern auch während der gesamten Strategieentwicklung zu berücksichtigen. Sie ist kein Punkt einer Agenda, den man abhaken kann, sondern Ausgangspunkt allen unternehmerischen Handelns. Was starke Marken brauchen, ist Leadership. Eine inspirierte und inspirierende Unternehmenskultur ist das Ergebnis guter Führung.

10 Thesen zu Unternehmenskultur und Marke
1. Die Beziehung zwischen Mitarbeitern und Kunden hat einen starken Einfluss auf das Markenimage
2. Persönliche Erfahrungen sind glaubhafter als werbliche Markenkommunikation
3. Markenwerte müssen mit den tatsächlich im Unternehmen gelebten Werten und Normen der Mitarbeiter übereinstimmen > Unternehmenskultur
4. Markenkonformes Verhalten von Mitarbeitern ist nur zu erwarten, wenn diese ausreichend Wissen über die Unternehmensmarke besitzen und sich mit ihr identifizieren

5. Diskrepanzen zwischen Markenversprechen und Unternehmenskultur beschädigen langfristig die Glaubwürdigkeit und das Vertrauen in die Marke
6. Internes Markenmanagement muss individuelle Einstellungen der Mitarbeiter miteinbeziehen
7. Konsistente Wahrnehmung der Unternehmensmarke im gesamten Unternehmen und dessen Subkulturen ist von großer Bedeutung
8. Kultur und Marke sind wertvoll (positive Wirkungseffekte), einzigartig und nicht imitierbar
9. Markenwissen + Markencommitment = markenorientiertes Verhalten
10. Unternehmenskultur ist ein dynamisches Konstrukt: Unternehmenskultur geht aus sozialen Interaktionen der Mitarbeiter hervor, produziert aber auch eigenständig kulturelle Phänomene, die wiederum das Mitarbeiterverhalten beeinflussen. Langfristig ist Unternehmenskultur also partiell beeinflussbar

Corporate Social Responsibility-Maßnahmen hinterfragen Es stellt sich die Frage, ob Corporate Social Responsibility-Strategien bei dem einen oder anderen Unternehmen nicht den Zweck haben, eigenes Fehlverhalten zu kaschieren und nur der Öffentlichkeitswirksamkeit dienen. Eine Studie der London Business School hat sogar herausgefunden, dass Unternehmen, die sich in CSR-Maßnahmen engagieren, auf ihr „moralisches Konto" einzahlen, so dass sie einfacher Handlungen vornehmen können, die ethisch nicht zu rechtfertigen sind (Elaine Wong 2013).

Wenn Sie sich mit dem Thema Corporate Social Responsibility beschäftigten sollten Sie einige Punkte unbedingt beachten. Es geht bei CSR nicht einfach um die Förderung einzelner Projekte, die zwar dem Allgemeinwohl dienen, aber nicht zum Kerngeschäft des Unternehmens passen. Das wäre nicht besonders glaubwürdig und hätte nicht den positiven Effekt, den Sie sich erhoffen. Gesellschaftliches Engagement sollte sich darüber hinaus auch in weniger öffentlichkeitswirksamen Bereichen des Unternehmens widerspiegeln, etwa im Personalwesen, der Produktion, der Verantwortungsübernahme in der Lieferkette, im Verbraucherschutz und nicht zuletzt sollte CSR immer die eigenen Unternehmenswerte transportieren, um authentisch und glaubhaft zu sein. Neben der Reputation durch Medien und Öffentlichkeit, steigt auch die Attraktivität als Arbeitgeber, Partner und Geschäftspartner. Langfristig wirkt sich so werteorientiertes Handeln auf den Unternehmenswert aus.

1.6   Markenführung und Nachhaltigkeit: Experteninterview mit Prof. Dr. Holger J. Schmidt

Prof. Dr. Holger J. Schmidt unterrichtet an der Hochschule Koblenz und beschäftigt sich seit Mitte der 1990er Jahre mit Marken und ihrer ganzheitlichen Führung. Nach beruflichen Stationen bei mittelständischen Dienstleistern und in der Werbebranche gründete er eine Markenberatung und war Geschäftsführer der TNT Akademie. Sein besonderes Interesse gilt dem Internal Branding sowie dem Thema Nachhaltigkeit und Marke.

Herr Dr. Schmidt, wie definieren Sie Nachhaltigkeit?
   Nachhaltigkeit „im engeren Sinne" bedeutet für mich, dass wir zukünftigen Generationen aus gesellschaftlicher, sozialer und ökologischer und ökonomischer Sicht mindestens dieselben Möglichkeiten bieten, die unsere Generation hatte oder hat. „Im weiteren Sinne" bedeutet nachhaltiges Handeln für mich, etwas zu bewegen, was Wirkung erzielt und aus einer langfristigen Perspektive Bestand hat.

Abgesehen von der Förderung von Image und Reputation – warum sollte eine Marke nachhaltig geführt werden?

Weil die Integration von Nachhaltigkeitsaspekten in das Markensystem erstens Potenzial bietet, sich von Wettbewerbern zu differenzieren. Zweitens wird das Thema immer relevanter für Kunden: Marken, die nicht nachhaltig agieren, verlieren über kurz oder lang an Attraktivität. Drittens können Nachhaltigkeitsinitiativen in den Unternehmen auch dazu beitragen, Kosten (z. B. Energieverbrauch, Beschaffungskosten) zu senken.

Auf welche Faktoren muss ein Unternehmen besonders achten, wenn es sich als nachhaltige Marke positionieren möchte?

Glaubwürdigkeit ist der wichtigste Faktor. Ohne Glaubwürdigkeit entsteht kein Vertrauen, ohne Vertrauen keine Marke. Vor green- oder bluewashing ist aufs Schärfste zu warnen! Auch macht es z. B. nicht viel Sinn, durch begrenzte Projekte (z. B. im Rahmen von cause-related Marketing) Organisationen zu unterstützen oder Ziele zu verfolgen, die nicht eng mit dem eigenen Geschäftszweck verbunden sind. Nachhaltigkeit muss in das Geschäftsmodell und in die Wertschöpfungskette des Unternehmens integriert werden. Hierzu ist es aber Grundvoraussetzung, dass das Top-Management nicht nur ein Lippenbekenntnis leistet und dass die Mitarbeiter das Nachhaltigkeitsengagement ihres Arbeitgebers kennen, hierzu beitragen können und dies auch wollen.

Wie relevant ist das Thema Nachhaltigkeit bei Stakeholdern wie Kunden und (potenziellen) Mitarbeitern?

Für die meisten Unternehmen und Marken ist das Thema noch nicht so relevant in der breiten Masse. Das wird sich aber in den nächsten zehn bis 15 Jahren dramatisch ändern.

Wie wichtig werden nachhaltige, sinnstiftende Marken in Zukunft sein?

Nachhaltige, sinnstiftende Marken werden in der Zukunft sehr wichtig sein. Wir befinden uns am Übergang von der Information Economy zur Purpose Economy. Wir wollen mehr Sinn in unserer Arbeit, in unserem Leben, in unserem Konsum. Marken, die

diesen Sinn – auch und gerade über das Thema Nachhaltigkeit –
bieten können, werden die Gewinner sein.

1.7 Wertepluralismus und warum wir sinnstiftende Führung brauchen

Das Wirtschaftswunder ging in den 1970er Jahren zu Ende. Die pri-
mären Bedürfnisse der Bevölkerung waren befriedigt, und der Einzelne begann damit, nach neuen Bedürfnissen zu suchen, die es zu
befriedigen galt und fing an, sich selbst zu verwirklichen. In seinem
Buch Habenwollen beschreibt der Kulturwissenschaftler und Kunst-
historiker die neue Dimension des Konsums folgendermaßen:„Dem
Habenwollen ging und geht ein Habenmüssen voraus, und erst wenn
die notwendigen Bedürfnisse befriedigt sind, ist für die Erfüllung –
und Entwicklung – von Wünschen Platz" (Ullrich 2006)
    Dies bedeutete einerseits die Mehrung des persönlichen Wohl-
stands, andererseits aber auch den Verlust gemeinsamer Werte. Institutionen wie Kirche und Staat, die bis dahin eine starke Rolle als
Identitäts- und Sinnstifter übernommen hatten, verloren an Bedeutung. Mit dem Einzug des Wohlstands haben auch materielle Gewinne an Wert verloren und sind nicht länger Antrieb für Wirtschaft und
Gesellschaft. Der Mensch misst insbesondere den knappen Gütern
einen hohen Stellenwert bei. Nach Befriedigung seiner Primärbedürfnisse, wie Nahrungsaufnahme oder Wohnen, sind das nach Ab-
raham Maslow Güter, die sein Sozialbedürfnis, das Bedürfnis nach
Anerkennung und Wertschätzung und das Bedürfnis nach Selbstverwirklichung befriedigen. Materielle und postmaterielle Werte
schließen sich jedoch nicht aus. Der moderne Mensch ist vielmehr
in seinem Handeln geprägt durch einen Wertepluralismus. Im In-
dustriezeitalter universell gültige Werte wie Disziplin und Fleiß verschwinden also nicht, sondern werden den Bedürfnissen angepasst.
So wird aus Disziplin etwa Selbstdisziplin, die als Voraussetzung ist
für die eigene berufliche und private Lebensplanung innerhalb einer

flexibler werdenden Gesellschaft. Verantwortung wird von der Gemeinschaft auf den Einzelnen übertragen. Der Trend zur Individualisierung und Differenzierung schreitet am schnellsten in größeren Städten weit fortgeschrittener Konsumgesellschaften voran.

▶   Ganz einfach und eindeutig ist die Entwicklung zum Individualismus nicht. Das Verhältnis des einzelnen Individuums zu der Gemeinschaft bzw. Gesellschaft ist von jeher Gegenstand kontroverser Diskussionen. Die menschliche Natur hat nicht aufgehört, gesellschaftlich zu sein und sich in Beziehungen zu anderen zu identifizieren. Es wird vermehrt mit anderen gearbeitet und Umgang ist, nicht zuletzt für junge Menschen, ein wichtiger Teil des täglichen Lebens (Parment 2013).

Technologische Entwicklung und ein generelles Umdenken in der Wirtschaft bedingen sich gegenseitig und haben Auswirkungen auf nahezu jeden Bereich in Unternehmen. Management und Personalführung werden ebenso neu gedacht wie die Kommunikation, die Produktentwicklung bis hin zur Partizipation unterschiedlicher Anspruchsgruppen bei der Markenbildung. Was diese Entwicklungen gemeinsam haben, ist die Bereitschaft, einen offenen und ehrlichen Dialog zu führen. Und der beginnt nun einmal mit Zuhören und einer offenen und wohlwollenden Haltung. Dov Seidman hat eine Tatsache recht treffend formuliert: „Dinge und Vorgänge managt man, Menschen dagegen führt man" (Seidman 2011). Daher ist es an der Zeit, ein Umdenken weg von einer managementgeführten hin zu einer menschlicheren Wirtschaft anzustoßen. Es sind eben nicht die Zahlen, die im Mittelpunkt stehen sondern der Sinn. Die Gallup-Studien zeigen immer wieder deutlich, dass Mitarbeiter innerlich kündigen, weil sie in ihrem Job nicht die angemessene Wertschätzung bekommen, nicht das leisten, was sie am besten können und ihre Arbeit nicht sinnstiftend für sie ist. Gehaltsfragen sind nicht vorrangig. Geld motiviert nicht in dem Maße wie Sinn es tut.

Der wohl zufriedenste Mitarbeiter wird sagen: „Ich tue, was ich bin!". Identifikation mit der eigenen Tätigkeit und Entfaltungsmöglichkeiten sind wichtiger als alles andere, wenn die Primärbedürfnisse abgedeckt sind. Diese Haltung bei Mitarbeitern wird sich dadurch, dass jetzt die so genannte Generation Y, also die Generation der nach 1980 Geborenen, in den Arbeitsmarkt eintritt, stärker ausprägen. Für diese Generation gehören Leistung und Lebensgenuss unmittelbar zusammen. In älteren Arbeitnehmergenerationen wird Arbeit noch als etwas Vorgeschriebenes gesehen. Etwas, wo man hingeht und etwas tut. Die Generation Y sieht Arbeit als Teil ihres Lebens. Dementsprechend muss Arbeit Sinn stiften und dazu beitragen, sich selbst verwirklichen zu können. Sie muss Identifikationspotenzial bieten und darf eben nicht einfach nur ein Job sein. Catharina Bruns, Designerin, Buchautorin und Bloggerin (workisnotajob.com), findet auf ihrer Website folgende Worte dazu: „Aber die eigene Arbeit ist ein Geschenk! Stell dir vor, wie viel reicher dein Leben wäre, wenn du morgens aufstehen würdest, nicht nur weil dein Wecker schrillt, sondern weil du mit deiner Arbeit etwas gestaltest, das dir wirklich etwas bedeutet. Wir brauchen ein neues Verständnis von Arbeit. Eines, das den gesellschaftlichen Veränderungen und den gewandelten Bedürfnissen der Menschen gerecht wird" (Bruns 2013).

Das ist nicht nur eine Herausforderung, sondern auch ein Ansatz, um Work-Life-Balance oder auch die Ursache von Burnouts kritisch zu hinterfragen. Es wird in diesem Zusammenhang immer häufiger beklagt, dass den Menschen kaum Zeit zum Leben bliebe von all der Arbeit und dass Überforderung zunehme und Arbeitsbedingungen immer schlechter würden. Aber wenn wir uns einmal zurückbesinnen, hundert, sechzig oder auch nur vierzig Jahre zurück, dann müssen wir uns eingestehen, dass die Menschen nie so wenig gearbeitet haben wie heute. Früher standen Fabrikarbeiter 12 h in den Werkshallen ohne Schutz vor Staub oder Hitze und mit einem cholerischen Vorarbeiter im Nacken, der immer nur mehr forderte. Die Menschen in der Landwirtschaft verbrachten quasi ihr ganzes Leben bei der Arbeit. Es ist nicht das Pensum der Arbeit, das heute

Unzufriedenheit erzeugt und krank macht. Es macht krank, wenn wir keinen Sinn in unserer Arbeit erkennen, wenn wir versuchen, Arbeit und Leben zu trennen und die Arbeit eben nur ein Job für uns wird. Wertewandel bzw. Wertepluralismus stellen die Unternehmensmarke vor allem vor zwei Herausforderungen: Zielgruppen sind nicht mehr klar umrissen. Es wird schwieriger, Konsumenten anzusprechen und es wird für Unternehmen mit einer aus der Industriewirtschaft stammenden Wertehaltung zunehmend schwieriger, Fachkräfte zu gewinnen. Menschen möchten etwas bewirken. Dinge abzuarbeiten und dafür Lohn zu empfangen motiviert nicht mehr in dem Maße, wie es noch vor Jahrzehnten der Fall war. Stattdessen soll die eigene Arbeit ein Beitrag zu einem großen Ganzen sein. Der eigene Beitrag zur Verbesserung der Welt, wenn man so will.

Eine Marke und somit auch die Führungskräfte sollten in diesem Zusammenhang folgende Fragen beantworten können:

- Was leisten wir für die Welt?
- Was würde der Welt fehlen, wenn es unsere Marke morgen nicht mehr gäbe?

Durch den Prozess der Markenpositionierung erkennen Führungskräfte ihre eigene Rolle als Sinnstifter und Markenbotschafter und können dies vorleben und ihren Mitarbeitern vermitteln. Dazu braucht es bei der Formulierung von Führungsleitlinien keine umfangreichen Schriften. Stattdessen ist es sinnvoll, sich auf das Wesentliche zu konzentrieren und bewusst über Reduktion ein starkes Profil, eine starke Marke aufzubauen.

Eine starke Marke spiegelt die gesamte Leistung eines Unternehmens wider. Die Leistung lässt sich aber nicht allein an Umsatz- und Produktionskennzahlen festmachen, sondern beinhaltet auch den Beitrag des Unternehmens zum Allgemeinwohl. Das beginnt mit der Haltung, dem eigenen Anspruch, der das Wirtschaften bestimmt. Das beinhaltet auch das Verhalten gegenüber Stakeholdern, der Umwelt und den eigenen Mitarbeitern. Mitarbeiter, die einen Sinn in ihrer Tätigkeit erkennen, sind motivierter und handeln eher im Sinn der Unternehmensmarke. Das wirkt sich natürlich auch auf das Image als Arbeitgeber aus. Heute lockt man keine Bewerber mehr hinter dem Ofen hervor, indem man sich einfach als innovativer Betrieb präsentiert und mit hochwertigen, aber letztendlich vergleichbaren Produkten aufwartet. Der immaterielle Wert eines Unternehmens rückt mehr und mehr bei potenziellen Mitarbeitern und Kunden als Entscheidungs- und Glaubwürdigkeitskriterium in den Vordergrund. Dessen gezielten Auf- und Ausbau unterstützt eine ganzheitliche Markenführung. Ganzheitlich deshalb, weil die Marke nicht erst beim Image oder der Unternehmenskommunikation ansetzt, sondern im Inneren eines Unternehmens. Wird das Thema Marke als Grundlage des gesamtunternehmerischen Handelns verstanden, wirkt sie sich gewinnbringend im gesamten System aus. Markenführung bedeutet dann auch gezielte Beeinflussung der Unternehmensidentität, der Unternehmenskultur und der internen Prozesse. Die Stärke einer Marke hängt vom unternehmerischen Anspruch der Führung ab. Je mehr dieser Anspruch auf Nutzen und Mehrwert basiert, desto wahrscheinlicher ist die erfolgreiche Markenbildung. Und attraktive und vor allem authentische Markenwerte bieten nicht zuletzt auch wieder einen Anreiz für potenzielle Fachkräfte. Nicht umsonst zählen starke Marken wie Audi, BMW, Google oder Microsoft zu den beliebtesten Arbeitgebern in Deutschland. Eine Marke kann nur Ausdruck und niemals Ersatz von Werten sein. Fast in jedem Unternehmens-Internetauftritt findet sich ein Satz wie „Mitarbeiter sind unser wertvollstes Kapital". Nach außen als guter Arbeitgeber zu wirken, der seine Mitarbeiter fördert und wertschätzt, ist vielen Unternehmen wert, einen Werbetexter zu bemühen, der dann solche schönen, aber eigentlich nichts sagenden Sätze schreibt. Die Aussicht auf nachhaltigen Erfolg, insbesondere in Hinsicht auf die Mitarbeitergewinnung, ist hier durchaus fraglich, wenn es sich wirklich nur um ein konstruiertes Image, also im Endeffekt eine Scheinwelt handelt?

In Zeiten, in denen es gerade für mittelständische Unternehmen zunehmend schwieriger wird, geeignetes Fachpersonal zu finden, ist eine klare Positionierung wichtiger denn je – insbesondere im B-to-B, wo der Mitarbeiter mehr als jede Werbekampagne oder Social Media-Aktion das Bild des Unternehmens prägt. Um Mitarbeiter für das Unternehmen zu gewinnen, muss ihnen auch ein Mehrwert geboten werden. Eine Unternehmenskultur, die eine Haltung des Stolzes der Mitarbeiter fördert, ist dabei elementar. Man muss gerne bei diesem oder jenem Unternehmen arbeiten. Das geht nicht ohne vorher definierte und im Unternehmen fest verankerte Werte, die nicht als Phrasen aufgestellt, sondern an die fest geglaubt wird, von denen man überzeugt ist und die von jedem Mitarbeiter verstanden und gelebt werden. Finden Bewerber aber nun doch den Weg in ein Unternehmen, das sich nur oberflächlich mit den eigenen Werten und der Unternehmenskultur auseinandersetzt, kann sich das leicht negativ auswirken. Denn neue Mitarbeiter spüren schnell, welcher Wind tatsächlich im Unternehmen weht und können ihre Erwartung mit der tatsächlich gemachten Erfahrung abgleichen. Schlecht, wenn sich hier kaum oder gar keine Übereinstimmung ergibt. Gerade in Zeiten der dialogischen Kommunikation in Social Media, Arbeitgeberbewertungen im Internet, Blogs usw. entscheidet letztendlich die Zielgruppe selbst, was für sie wichtig ist und woher sie ihre Informationen bezieht. So ergibt sich schnell aus der Absicht eines Unternehmens, etwa Missstände in der Unternehmenskultur zu überblenden, das Gegenteil und diejenigen, die es zu überzeugen galt, empören sich.

Im Gegensatz dazu ist eine starke Arbeitgebermarke als Bestandteil einer ganzheitlich geführten Unternehmensmarke attraktiver für Fachkräfte und sorgt für eine höhere Mitarbeitermotivation und geringere Fluktuationsraten. Wie alle Werte, die ein Unternehmen verinnerlicht hat und lebt, so muss auch der Wert, ein guter Arbeitgeber zu sein, dem an der Unternehmenskultur gelegen ist, authentisch sein, um nicht als Schönfärberei entlarvt zu werden. Identität, Marke und eben auch Arbeitgebermarke wirken in einem Unternehmen

von innen nach außen und können nicht beschlossen, zugekauft
oder eingeführt werden. Um jedoch sinnstiftende Marken zu führen, die aus dem Inneren des Unternehmens heraus wirken, ist eine
ebenso sinnstiftende Führung notwendig. Christina Grubendorfer
schreibt dazu: „Leadership ist die Fähigkeit, Sinn zu stiften, und hat
die Aufgabe, ein System lebendig zu halten. Führungskräfte werden
in Zukunft mehr und mehr als Sinnstifter und Vernetzer agieren,
nicht mehr nur als Organisatoren." (Grubendorfer 2012)

Hier ist auch der Unterschied zum Manager erkennbar. Die Forderung an Führungskräfte, Sinn entstehen zu lassen und an die Mitarbeiter zu vermitteln, wird eher selten im Unternehmensalltag erfüllt. Häufig fehlt es auch einfach an konkreten Werten, die zu vermitteln sind. Auch hier ist die Marke Lösung. Indem Leadership an
der Marke ausgerichtet wird, finden Führungskräfte Orientierung.
Markenorientierte Führungsleitlinien geben Hilfestellung in komplexen Situationen, unterstützen bei der Erreichung übergeordneter
Ziele und dienen als Mittel der Selbstreflektion. So lassen sich Entscheidungen leichter treffen und vermitteln. Kurz- und mittelfristige
Ziele werden von den Markenwerten abgeleitet. Sinn speist sich nach
Grubendorfer aus den drei Quellen Unterschied, Werteorientierung
und dem persönlichen Beitrag zu Idealen. Eine klar positionierte
Marke grenzt nicht nur vom Wettbewerb ab sondern verdeutlicht
jedem Stakeholder und somit auch den Mitarbeitern klar, für wel-
che Werte das Unternehmen steht. Ist sie intern fest verankert, prägt
sie kontinuierliches markenorientiertes Handeln. Führungskultur ist
Teil der Unternehmenskultur und beeinflusst diese. Genau wie beim
Unternehmen und der Marke als Ganzes ist es wichtig, dass auch
Führungskräfte authentisch sind und ein Führungsverständnis etablieren, das zur Marke passt.

▶   „Wer authentisch ist, kann andere Menschen für sich
       gewinnen. Wenn ein Manager mit sich in Einklang ist,
       sein Führungshandeln mit seinen persönlichen Überzeu-
       gungen in Übereinstimmung gebracht hat, sich dessen

bewusst ist und das auch ausstrahlt, findet der Begriff Charisma eine neue Heimat. Führungskräfte können auf gute Art kulturprägend wirksam werden. Authentische Führungskräfte prägen die Unternehmenskultur." (Grubendorfer 2012, S. 63)

Dazu, wie man Werte in Unternehmen implementiert, kommen wir später noch. Einige Tipps jedoch schon einmal vorab.

5   Tipps für die interne Verankerung von Werten:
1. Geben Sie den authentischen Stärken Ihres Unternehmens ein Gesicht (Markenwerte ausformulieren, Markenmodell erstellen etc.).
2. Beziehen Sie den einzelnen Mitarbeiter als Markenbotschafter mit ein (z. B. in Workshops).
3. Nur Werte, hinter denen das Unternehmen klar erkennbar auch steht, können intern verankert werden (keine generischen Werte wie Qualität, Innovation etc. Die sind Grundvoraussetzung).
4. Achten Sie auf die Konkretisierbarkeit von Werten.
5. Leiten Sie konkrete Verhaltensweisen aus den Markenwerten ab.

1.8   Arbeit als Lebensgestaltung: Interview mit Catharina Bruns, Autorin von „work is not a job"

Catharina Bruns ist Designerin, Medienwissenschaftlerin und leidenschaftliche Unternehmerin. In ihrem Buch „work is not a job" spricht sie von einem neuen Deal mit der Arbeit und ermuntert dazu, selbst Gestalter seiner Arbeit zu werden. Mit ihr habe ich über die Bedeutung von Sinn für Mitarbeiter von Unternehmen gesprochen.

Am Anfang Deines Buchs „work is not a job" steht der unvollendete Satz „Arbeit ist…"
Wie würdest Du diesen Satz vervollständigen?
Arbeit ist Lebensgestaltung. Über meine Arbeit habe ich die Möglichkeit, mich als Mensch auszudrücken, mich unabhängig zu machen und gleichzeitig mein Umfeld und damit ein Stück weit die Gesellschaft mitzugestalten. Der Aspekt der Selbstverwirklichung, und zwar im tatsächlichen Sinne des Wortes – nämlich etwas von sich selbst Wirklichkeit werden zu lassen – sich zuständig zu machen und sich damit in die Verantwortung zu nehmen, der Welt etwas Positives hinzuzufügen, steckt in dem von mir gelebten Arbeitsbegriff.

Du sprichst von einem neuen Deal mit der Arbeit und einer neuen Arbeitskultur. Wie lässt sich das auf Angestellte in Unternehmen übertragen?
Ich glaube, wir sind in einer Zeit angelangt, in der wir Arbeit grundsätzlich neu denken müssen. Die Lebensentwürfe verändern sich, Geld und Konsum ist nicht mehr unbedingt der Hauptantrieb um arbeiten zu gehen, die Sinnfrage rückt mehr und mehr in den Vordergrund. Das ein „neuer Deal" sich für viele Menschen als notwendig erweisen könnte, hat bereits Lynda Gratton in ihren Studien zur Zukunft der Arbeit prognostiziert. Ich meine zudem, dass die Fixierung auf das vermeintlich „sichere Angestelltsein", die Probleme der heutigen Arbeitsgesellschaft nicht mehr lösen kann. Ich unterscheide Menschen nicht in „Angestellte" und „Selbstständige", wir müssen weg vom typischen Angestelltendenken und hin zu mehr Eigenständigkeit, um eine neue Arbeitskultur lebendig zu machen. Heute ist es möglich, sich eigene Arbeitsmodelle zu schaffen, die besser in den persönlichen Lebensentwurf passen, sich unternehmerisch auszuprobieren und mit der eigenen Arbeit die Gesellschaft zu gestalten. Dazu muss man nicht unbedingt Akademiker sein, die Möglichkeiten dazu waren nie so vielfältig, die Zeit noch nie so reif. Die Selbstständigkeit als Haltung wird in der Zukunft der Arbeit für alle wichtiger.

Welche Arbeitskultur möchte ich durch meine tägliche Arbeit fördern? Was möchte ich gestalten und was bedeutet für mich Zusammenarbeit? Diese Fragen kann sich jeder stellen.
**Mitarbeiter in Unternehmen wollen zunehmend einen Sinn in
ihrer Tätigkeit erkennen und etwas durch ihre Arbeit bewirken. Was müssen Unternehmen tun, damit ihre Mitarbeiter
ihre Arbeit als sinnstiftend wahrnehmen?**
Es ist selbstverständlich, dass Menschen einen Sinn in ihrer täglichen Aufgabe spüren wollen – die Zuständigkeit dafür liegt jedoch
nicht allein bei den Unternehmen, sondern in erster Linie bei jedem selbst, einen Sinn in das eigene Tun zu legen. Daher emp-
fehle ich ja auch dringend, Arbeit nicht mit Job zu verwechseln.
„Jobs" sind nicht unbedingt darauf ausgelegt einen tieferen Sinn
zu haben, sie müssen trotzdem erledigt werden. Wenn man das
verstanden hat, kann man sich an die wahre Arbeit machen und
aufhören, den Sinn in Jobs zu suchen und sie als das sehen, was
sie sind: Ein Tauschhandel von Zeit und Arbeitskraft gegen Geld.
Arbeit, die als sinnstiftend wahrgenommen wird, ist dagegen von
persönlichen Beweggründen geprägt. Je stärker ich gewisse Not-
wendigkeiten empfinde, desto mehr Sinn hat mein Tun für mich.
Aber die Forderung „Gib mir Sinn!" ist doch absurd. Sinn hat
mein Leben, auch ohne dass ein Unternehmen mir Arbeit gibt –
ich muss den substanziellen Sinn meiner Arbeit selbst erkennen
und leben. Sobald wir wissen, was uns bewegt, bewegen wir uns
auch. Von dieser simplen Wahrheit haben wir uns leider kollektiv entfernt. Damit Arbeit also einen „Sinn", der über den reinen
Zweck hinausgeht, bekommt, müssen wir Gestalter werden und
wissen, was uns bewegt.
**Wie wichtig sind in dem Zusammenhang Haltung, Werte und
eine klare Positionierung im Unternehmen?**
Eine Haltung zu haben, seine eigenen Werte zu kennen und sie zu
leben ist für das Finden und Leben einer persönlich sinnstiftenden Aufgabe unbedingt erforderlich. Alles was abseits davon ist,
ist auch abseits der „wahren Arbeit". Diese Kenntnis ist aber natür-

lich keine Voraussetzung für eine Karriere in der Unternehmenswelt. Wer jedoch „Unsinn" langfristig nicht hinnehmen kann (und
das ist normalerweise bei jedem, der Arbeit höher bewertet als
„Job" so) sollte Stellung beziehen und beginnen zu führen, gleich
ob die momentane Jobbeschreibung dies vorsieht. Natürlich steht
jedem auch der Weg offen selbst zu gründen und das Unternehmen der Zukunft aufzubauen, in dem alles anders läuft. Zweifelsohne eine spannende und wichtige Aufgabe. Wer soll es machen,
wenn nicht all jene, die gegenwärtige Entwicklungen, Strukturen
und Konventionen der Arbeitswelt als unpassend empfinden?

Was wird sich in Zukunft in Hinblick auf die Mitarbeiterführung
für Unternehmen noch ändern? Stichwort Generation Y.
Die berühmte „Generation Y", also die Schublade voll mit all den
jungen Leuten, die angeblich mit riesigem Selbstbewusstsein und
großem Freiheitsanspruch ans Werk gehen, so wie sie von Presse und SoziologInnen gern kategorisiert wird, ist mir im echten
Leben selten begegnet. Leider bringt unser Bildungssystem bisher zu wenig selbstbewusste Gründerpersönlichkeiten hervor –
selbst gut ausgebildete Menschen nehmen sich nicht als Gestalter
wahr, sondern zunächst als Arbeitnehmer, die trotz gesteigerter
Ansprüche im Vergleich zur Elterngeneration, den Konventionen
doch sehr angepasst sind. Bisher beobachte ich, dass die meisten
Menschen bei Eintritt in das Arbeitsleben vollkommen schick-
salsergeben sind und ihren Platz finden wollen, anstatt sich selbst
einen zu schaffen. Was also wirklich wichtig ist, ist das, was gute
Manager schon tun: Hilfe zur Selbstführung. Damit wir es in Zukunft mit mehr starken Persönlichkeiten zu tun haben, die auch
innerhalb von Unternehmen ihre Gestaltungsmacht erkennen
und eines Tages wirklich etwas verändern, anstatt mit Mitte 30
„auszubrennen".

Welchen Tipp gibst Du Führungskräften in Unternehmen? Wie
kann sinnstiftende Führung aussehen?
Eine gute Führungskraft muss Menschen lieben und bei jedem
Einzelnen das Interesse haben zu erkennen, wen sie vor sich hat.

Das Ziel ist es, mit Menschen zusammenzuarbeiten, die ihre Arbeit schätzen und zu authentischem, eigenverantwortlichem Handeln motiviert sind. Und das geht nur, indem jemand eindrucksvolles Vorbild ist. Fähige Manager sind empathisch und führen, indem sie ihre Werte leben, ihr Ego zurücknehmen und sich dem Gelingen einer Sache verpflichten, an die sie selbst aufrichtig glauben. Vielleicht viel verlangt für die Unternehmenswelt, aber wer das nicht bringt, sollte sich auch nicht anmaßen, andere führen zu wollen. Menschen müssen sich selbst führen können. Wer dazu Hilfestellung geben kann, besitzt Führungsqualität.

1.9   Lebensgefühl transportieren: Interview mit Josip Grbavac, Leiter Marketing FC St. Pauli von 1910 e. V.

Um das Phänomen Marke und dessen sinn- und identitätsstiftende Funktion in einem anderen Zusammenhang zu veranschaulichen als es in den klassischen Unternehmensbeispielen geschieht, habe ich mich mit dem Vereinssport beschäftigt. Genauer gesagt mit dem Hamburger Fußballverein FC St. Pauli. Der FC St. Pauli verfügt meiner Meinung nach über eine starke Markenidentität, die ihm eine gewisse Alleinstellung bietet. In einem Vortrag beschrieb Michael Meeske, der Geschäftsführer des FC St. Pauli, beim 12. internationalen Hamburger Symposium Sport und Ökonomie am 31.05. und 01.06. 2012 es so:

„Die Basis bildet die Leidenschaft und Unterstützung der Fans. Folgende Markenwerte werden untrennbar mit dem Verein assoziiert:
- rebellisch
- kreativ
- selbstironisch
- unangepasst
- authentisch
- leidenschaftlich
- sozialverantwortlich." (Meeske 2012)

Dem Marketingleiter des Vereins Josip Grbavac habe ich einige Fragen zur Marke FC St. Pauli gestellt.

Deutschlandweit identifizieren sich unzählige Menschen mit dem FC St. Pauli, egal ob dieser in der ersten oder in der zweiten Liga spielt. Wie kommt das?
Es gibt sehr wenige Fußballvereine in Deutschland, vielleicht auch weltweit, die es geschafft haben, abseits des Sports ein – auch wenn es abgedroschen oder überheblich klingen mag – Lebensgefühl zu transportieren. Gehen Sie durch eine Fußgängerzone und sehen einen Menschen im Trikot von XY, ist klar, das ist ein Fußballfan. Sehen Sie jemanden im Totenkopf-Pulli oder braun-weißen Shirt des FC St. Pauli, ist klar, da ist jemand, der in der Regel für eine bestimmte Lebensphilosophie und eine politische Aussage steht. Das heißt nicht, dass jeder hier ein Engel ist, aber als – auch nach außen hin – bekennender Fan des FC St. Pauli, steht man immer für etwas mehr, als „nur" für den Fußball. Das macht den Verein für viele Menschen sympathisch.

Was macht den Kern der Marke FC St. Pauli aus?
Die Fanszene, das Millerntor-Stadion und zu guter Letzt der Standort sind die Basis für die Marke FC St. Pauli, wie wir sie heute kennen. Alle drei Komponenten hängen fest miteinander zusammen und bilden die Grundlage für das Selbstverständnis des Vereins.

Wie sieht das beim FC St. Pauli als Arbeitgeber aus? Wird das Gefühl, dass der Verein seinen Fans vermittelt, auch von den Mitarbeitern gelebt?
Anders ließe sich das hier gar nicht bewerkstelligen. Die MitarbeiterInnen wissen die Vorzüge des Vereins zu schätzen, gleichzeitig ist man sich auch der Verantwortung bewusst und weiß, dass man vielleicht nicht immer so handeln kann, wie man das beispielsweise bei anderen Vereinen oder Unternehmen könnte. Aber dass die Kolleginnen und Kollegen sich hier wohl fühlen und den FCSP zumindest in ihrer Arbeitszeit leben (viele natürlich auch darüber

hinaus), ist offensichtlich. Wir haben eine geringe Fluktuation und auch die Zusammenarbeit mit Fans, Abteilungen und Gremien ist sehr gut. Wir sind uns im Klaren, dass wir bei jedem Kontakt, sei es bei einer telefonischen Kartenanfrage, im Sponsorengespräch oder beim Bedienen im Clubheim, den Verein repräsentieren.

Wie wichtig ist für Sie gesellschaftliches Engagement? Welchen höheren Sinn bietet der FC St. Pauli seinen Fans, aber auch den Mitarbeitern, abgesehen von schönem Fußball?

Beim FC St. Pauli hat man schon seit spätestens Mitte der 1980er Jahre ein ganz klares Verständnis und Verhalten zur gesellschaftlichen Verantwortung, welches durch die Fanszene geprägt und vorgelebt wird. In den letzten zehn Jahren ist der FC St. Pauli zu einem der gesündesten Vereinen im deutschen Profifußball herangereift. Je besser es dem Verein geht, desto mehr Möglichkeiten hat er, dies an die Fans, die Gesellschaft und natürlich auch die MitarbeiterInnen aktiv weiterzugeben. Sei es durch die Ausweitung der CSR-Strategie, Aufbau eines sozialen Netzwerks (Kiezhelden.com), nachhaltigere Vermittlung von Sponsoren an Fanprojekte, Weiterbildungsangebote für MitarbeiterInnen usw. Hier hat sich in den letzten Jahren einiges getan.

1.10 Globalisierung: Die Welt ist kleiner geworden

Der Prozess der Globalisierung wird gemeinhin als Megatrend angesehen. Dabei ist auch die Globalisierung im Grunde kein allzu neues Phänomen. Globalisierungsvorgänge gab es bereits in der Antike etwa im Mittelmeerraum. Was jedoch neu ist, sind Geschwindigkeit und Dimensionen, die heute beobachtbar sind. An dieser Stelle möchte ich nur kurz auf das Thema eingehen.

Die größten Treiber der Globalisierung sind folgende:

- Technischer Fortschritt
- Liberalisierung des Welthandels
- Bevölkerungswachstum

Neben der Angleichung der Kulturen hat die Globalisierung die erhöhte Mobilität der Menschen zur Folge. Grenzen zwischen Ländern und Kulturen verschwimmen. Für Unternehmen stellt die Globalisierung insbesondere in Hinblick auf den steigenden Wettbewerbsdruck eine Herausforderung dar. Leistungsmerkmale von Produkten werden zunehmend homogener. Unternehmen mit internationaler Ausrichtung müssen die jeweiligen kulturellen Besonderheiten in den einzelnen Ländern verstehen und berücksichtigen. Aber Globalisierung heißt nicht einfach weltweites Exportieren der eigenen Leistung. Vielmehr bedeutet sie Vernetzung wenn nicht gar ein Verschmelzen.

Bei der Berücksichtigung der Stakeholder einer Marke sollten Unternehmen auch immer deren Vernetzung, die internationalen Verflechtungen und die Auswirkungen, die unser Handeln hier vor Ort irgendwo anders hat, berücksichtigen.

Mit der fortschreitenden Vervielfältigung von Lebensmodellen, die nicht mehr nur länderspezifisch sind, sondern weltumspannend, wächst auch das Bedürfnis nach Gemeinschaft, Halt und Sinnstiftung.

Zum Verhältnis von Marke und Globalisierung schreibt Dr. Antonella Mei-Pochtler, Senior Partner bei der Boston Consulting Group in Wien: „So eng die Themen Globalisierung und Marke von Beginn an miteinander verknüpft sind, so erkennbar spiegeln sich im Verhältnis von Globalisierung und Marke Herausforderungen, die mit der Entgrenzung von Märkten einhergehen. An der Rolle der Marke in der globalisierten Welt werden die veränderten Kräfteverhältnisse in der Weltwirtschaft, die Folgen der Kommunikationsrevolution und die veränderten Konsumentenbedürfnisse sichtbar, die sich im globalen Markt verknüpfen." (Mei-Pochtler 2012)

1.11 Zugang statt Besitz: Neue Formen des Wirtschaftens

Das Time-Magazin hat die Sharing Economy zu einer der zehn Ideen gekürt, die die Welt verändern werden (WAZ 2013). Smarte Startups haben mittlerweile aus diesem netten Gedanken millionenschwere Geschäftsmodelle entwickelt und machen sich in den unterschiedlichsten Branchen breit.

Eine Form neuer, vernetzter Zusammenarbeit von Unternehmen ist das Coworking. Ein Trend, der in den letzten Jahren kontinuierlich vor allem in den Großstädten wächst. Hierbei arbeiten kleinere Start-ups, Freiberufler, Kreative oder digitale Nomaden in größeren Räumen entweder unabhängig voneinander oder an gemeinsamen Projekten zusammen. Coworking Spaces bieten Arbeitsplätze und Infrastruktur, die auf Tages-, Wochen- oder Monatsbasis angemietet werden kann. Die Nutzung ist unverbindlich und zeitlich flexibel. In Köln etwa existiert seit einiger Zeit das Colabor – Raum für Nachhaltigkeit. Nach eigenen Aussagen hat es einen Ort für Pioniere geschaffen, die ein gemeinsames Meta-Ziel – den gesellschaftlichen Wandel zu einer sozial gerechten und ökologisch tragfähigen Welt – verfolgen. Colabor versteht sich als Arbeitsplatz, Knotenpunkt und Plattform für NGOs, Unternehmen, Freiberufler und Berater, die Impulse für gesellschaftlichen Wandel setzen. Die Zahl der Coworking Spaces nimmt international weiter zu. Momentan gibt es etwa 2500.

Als globales Netzwerk, das den Übergang zu einer stärker kollaborativ ausgerichteten Wirtschaft beschleunigen möchte, ist OuiShare erwähnenswert. Anfang 2012 in Frankreich von Antonin Léonard gegründet, hat es sich zum Ziel gemacht Ideen und Projekte zu verbinden und zu fördern, die sich für den gesellschaftlichen Nutzen des Teilens, der Zusammenarbeit und der Offenheit einsetzen. Das geschieht über so genannte lokale Hubs – Veranstaltungen, Meetups, Konferenzen oder Workshops, bei denen in europäischen Städten die

Zusammenarbeit gefördert werden soll. Darüber hinaus gibt es das mittlerweile viersprachige Onlinemagazin OuiShare.net und diverse Konversationsgruppen. Als Bereiche, für die sich OuiShare einsetzt, werden auf der deutschsprachigen Homepage genannt:

- KoKonsum (Abkürzung für Kollaborativen Konsum, auch genannt Sharing Economy). Zugang ist wichtiger als Besitz und ermöglicht durch die Macht des Internets und der Peer-to-Peer Netzwerke das Teilen, Tauschen und Mieten von Waren und Dienstleistungen.
- Maker-Bewegung und Peer-Produktion Makers setzen eine neue industrielle Revolution in Gang. Die Produktion von Gütern wird durch digitale Fabrikationstechniken, lokale Produktionsstätten und dem Teilen von Open Source Hardware Designs demokratisiert.
- Peer-to-Peer Finance bringt Kapital in den Umlauf durch Crowdfunding (Schwarmfinanzierung) und Peer-to-Peer-Kredite während alternative Währungen und Schenkökonomien neue Tauschwerte schaffen.
- Open Knowledge (öffentlich zugängliches Wissen) schafft die Basis für eine nachhaltige Gesellschaft durch die Öffnung und Demokratisierung von Regierung, Wissenschaft, Bildung, Kultur und Wirtschaft.
- (Oui Share 2012)

Gerade durch solche Entwicklungen scheint es, als würden Unternehmen immer mehr die Kontrolle über ihre Marke zu verlieren. Wenn man das aber nüchtern betrachtet, muss man zugeben, dass sie nie die Kontrolle darüber gehabt haben, denn Marke ist nun einmal nicht einfach machbar. Sie ist kein Image, das man aufbaut. Marke entsteht aus der Identität heraus in den Köpfen der Anspruchsgruppen. Der Unterschied zu früher ist, dass Unternehmen jetzt vermehrt zuhören können, wie über sie gesprochen wird. Das war vor den Zeiten von Internet und Social Media nicht so einfach möglich. Statt

nun in Panik über den vermeintlichen Kontrollverlust zu verfallen,
können Unternehmen die neuen Möglichkeiten aktiv nutzen. Der
amerikanische Outdoorbekleidungshersteller Patagonia etwa setzte
die Entwicklung zu nachhaltigem Konsum geschickt in der eigenen
Kommunikation ein, indem das Unternehmen dazu aufrief, dessen
Produkte nicht zu kaufen, sondern stattdessen bereits vorhandene
Kleidung zu reparieren und Schuhe neu besohlen zu lassen. Patagonia verpflichtete sich selbst dazu, die eigenen Produkte zu recyceln
und nimmt heute alle Kleidungsstücke, die es jemals produziert hat,
zurück. Tausende von Kunden haben sich dieser Aktion angeschlos-
sen. Das schafft für das Unternehmen zwar kurzfristig Umsatzein-
bußen, aber eine langfristig stärkere Loyalität der Kunden, da Patagonia nach den gleichen Werten handelt wie sie selbst.

▶   Die Sharing Economy ist keinesfalls das Ende des Kon-
    sums oder gar des Kapitalismus. Sie ist eine Form der
    Weiterentwicklung.

Man könnte sagen, dass Teilen und Tauschen Teil eines Demokrati-
sierungsprozesses sind, in dem Wirtschaft nicht mehr nur Top Down
sondern Peer-to-Peer, also unter Gleichen, stattfindet. Diese Entwicklung scheint viele unvorbereitet zu treffen, doch so neu ist der
Gedanke nicht. Der Wandel der Industrie- zur Wissensgesellschaft
wurde schon 1973 vom amerikanischen Soziologen Daniel Bell in
seinem Buch „The Coming of the Postindustrial Society" erkannt.
In der Wissensgesellschaft liegt der Schwerpunkt der Wirtschaft auf
Dienstleistungen, die nicht wie Produkte hergestellt, sondern er-
bracht werden. Man schafft Zugänge, nicht Eigentum. Dienstleistungen können nicht angehäuft oder weiterverkauft werden. Der Schritt
in die Wissensgesellschaft ist der erste Schritt in eine Ökonomie
des Zugriffs, der Teilhabe. Begleitet wurde dieser Wandel durch das
wirtschaftlich immer mehr an Bedeutung gewinnende Internet. Der
Gedanke, Zugriff zu Wissen und Informationen von überall aus und

für jeden zu ermöglichen, schuf Unternehmen wie Google und die
sozialen Medien wie Facebook.

Auch wenn es manchen so erscheinen mag, die Sharing Economy
ist nicht Ausdruck einer neuen Bescheidenheit oder der Konsumverweigerung. Sie ist einfach eine Ausweitung des Geschäftsfeldes,
durch die die Nutzung von Waren effizienter und nachhaltiger stattfinden kann. Beispiel Carsharing. In Deutschland sind etwa 42 Mio.
PKW zugelassen. Tendenz steigend. Allerdings sind diese Autos
nicht annähernd voll ausgelastet. Ein Großteil der Wagen steht täglich 23 h ungenutzt herum. Im Grunde eine Riesenverschwendung,
da der Unterhalt permanent Geld kostet. Und auf der anderen Seite
gibt es Menschen – insbesondere in Großstädten – die kein Auto
besitzen, aber hin und wieder für kurze Zeiträume eines benötigen.
Junge Unternehmen wie tamyca (steht für „Take my Car") haben
daher ein neues Geschäftsmodell entwickelt. Sie bringen Nachfrage und Angebot zusammen. Privateigentümer können ihre Autos
an andere Menschen gegen eine Gebühr verleihen und das inklusive
einer Vollkaskoversicherung. Im Gegensatz zu herkömmlichen Carsharing-Konzepten kommen so nicht mehr Fahrzeuge in die Stadt,
sondern die, die ohnehin da sind, werden intensiver genutzt.

Während Eigentum einen meist hohen Preis hat, ermöglichen Zugänge sofortigen Konsum und sind leichter zu haben. Die Sharing
Economy erweitert unsere Konsummöglichkeiten um ein Vielfaches, da zur Nutzung gewisser Produkte nicht mehr die Anschaffungskosten zu übernehmen sind. Man muss sich kein Auto mehr
kaufen, wenn man lediglich ein bis zwei Tage im Monat eines benötigt. Das Tauschen stellt also keine Gefahr für den Kapitalismus
dar oder ist gar dessen Ende. Vielmehr macht die Sharing Economy
Wirtschaft sinnvoller und vor allem effizienter. Unternehmen können sich heute daher dem Gedanken stellen, Anknüpfungspunkte
für sich zu suchen und zu überlegen, welche Ressourcen es gibt, die
sie teilen könnten, seien das materielle, immaterielle oder menschliche. Es gibt für jedes Unternehmen Wege zur Zusammenarbeit mit
anderen Unternehmen, die das Nutzen von Synergien möglich ma

chen. Die ersten Unternehmen stellen sich bereits auf die Sharing Economy ein und erweitern ihre Geschäftsmodelle. Der führende Schweizer Telekommunikationsanbieter Swisscom lancierte kürzlich gemeinsam mit dem Online-Marktplatz für Services Mila die „Swisscom Nachbarschaftshilfe", einen Peer-to-Peer-Marktplatz, wo Privatkunden Services und Supportdienstleistungen für ihre Produkte finden und auch direkt buchen können. Die Idee dahinter: Statt einen hochqualifizierten und damit teuren Spezialisten heranzuziehen, können Kunden auf das Nachbarschaftshilfe-Netzwerk zurückgreifen und einen geprüften Anbieter finden, der das Problem behebt. Der Geschäftsführer von Mila Manuel Grenacher sagt dazu: „Durch die Förderung dieser Art von P2P-Kundenservice können sich Großfirmen die Vorteile der Shareconomy zunutze machen. Ein guter Kundendienst ist für die Kundenzufriedenheit unverzichtbar und Unternehmen können sich damit klar von ihren Wettbewerbern abheben." Auch die Hotelbranche reagiert auf Peer-to-Peer-Anbieter wie etwa „Airbnb", die Privatunterkünfte vermittelt. Einerseits wird der Ruf nach Verboten laut und der Staat wird zum Durchgreifen aufgefordert. Beispielsweise wurde aktuell verkündet, dass die Untervermietung der eigenen Wohnung immer der Zustimmung des Eigentümers bedarf. Auf der anderen Seite jedoch zertifiziert mittlerweile anscheinend das Marriott Hotel in den USA Privatzimmer, die es an seine Kunden weitervermittelt, wenn keine Hotelzimmer mehr zur Verfügung stehen und Arbeitsplätze flexibel zur Verfügung stellen. Ähnlich wie es die Coworking-Spaces tun (Marriott 2014).

Sharing Economy und klassische Wirtschaft schließen sich also keineswegs aus. Peer-to-Peer-Geschäfte sind in vielen Bereichen eine sinnvolle Erweiterung bestehender Geschäftsmodelle.

Shared Value statt Shareholder-Value Folgen des Strebens nach kurzfristigen Erfolgen, um vor allen Dingen Anleger zufrieden zu stellen und gute Quartalszahlen zu erbringen, waren in den letzten Jahrzehnten vermehrter Schuldenaufbau, Restrukturierungs- und Umsiedelungsmaßnahmen, Personalabbau und nicht zuletzt eine erhöhte Austauschbarkeit von Produkten und Differenzierung über den Preis. Dabei ist vielen vor allem großen Unternehmen das Bewusstsein abhandengekommen, dass sie in direkter Verbindung mit der Gesellschaft stehen, ja selbst Teil der Gesellschaft und mitverantwortlich für den gesellschaftlichen Wandel sind. Stattdessen flogen in den letzten Jahren immer wieder Machenschaften insbesondere von Konzernen auf, die sich ethisch nicht rechtfertigen lassen. 2008 etwa wurde bekannt, dass die Deutsche Telekom ihre eigenen Manager, Aufsichtsräte und sogar Journalisten bespitzelt hat. Volkswagen und Daimler waren in Bestechungsskandale verwickelt, es gab illegale Absprachen zwischen Eon und Gaz de France und Siemens zahlte weltweit Schmiergelder. Von den Auslösern der internationalen Finanzkrise ganz zu schweigen.

Dabei können Unternehmen dadurch, dass sie einen ökonomischen Wert schaffen, gleichzeitig gesellschaftlichen Mehrwert entstehen lassen. Dahinter steht die Frage, ob die eigene Leistung wertvoll für den Kunden ist. Eine 2013 von der Markenberatung cuecon durchgeführte Studie hat herausgefunden, dass nicht einmal die Hälfte der Unternehmen den gesellschaftlichen Nutzen ihrer Kernleistung als hoch oder sehr hoch einschätzen. Gerade einmal 14 % sehen ihr Produkt als wichtig für die Gesellschaft an (cuecon 2013b). Da drängt sich einem die Frage auf, warum 86 % Produkte auf den Markt bringen, die eigentlich nicht benötigt zu werden scheinen.

Die Entstehung von Werten wird dann begünstigt, wenn Verantwortliche in Unternehmen sich mit ihren Kernleistungen beschäftigen und sich nicht länger als vom Rest der Gesellschaft isoliert betrachten, sondern Lösungen entwickeln, wie sie Vernetzung, Kooperation und gegenseitigen Nutzen in ihr Geschäftsmodell integrieren können. Durch Shared Value, also geteilten Werten, wird Vertrauen aufgebaut, ohne das vernetztes Wirtschaften gar nicht möglich wäre. Hier ist auch der Unterschied etwa zu CSR-Maßnahmen zu sehen. Unternehmen, die Shared Value praktizieren, beteiligen die Gesellschaft nicht nachträglich an ihrem Erfolg oder machen durch das eigene Wirtschaften entstandene Fehler wieder gut. Shared Value heißt, den eigenen wirtschaftlichen Erfolg in Abhängigkeit vom gesamtgesellschaftlichen Fortschritt zu sehen und sich so mit der eigenen Leistung an diesem zu beteiligen. Solche Unternehmen nutzen die eigenen Ressourcen und Stärken, um gleichzeitig ökonomische und gesellschaftliche Werte zu schaffen. Gemeinsame Werte sind die Voraussetzung für eine starke Mitarbeiter- und Kundenbindung und differenzieren das Unternehmen gegenüber dem Wettbewerb. Denn Werte lassen sich nicht kopieren. Außerdem ermöglichen Werte einer Marke Konsistenz und Standfestigkeit ohne dabei an Dynamik und Flexibilität zu verlieren. Eine starke Markenidentität basiert auf Werten, bleibt diesen im Kern immer treu und schafft so Vertrauen und Orientierung. Dabei kann sie durchaus mit der Zeit und mit der Mode gehen, ihre Prinzipien bleiben die gleichen. Das ist ja bei Menschen auch nicht anders.

Im Gegensatz zum CSR-Ansatz ist das Shared Value-Konzept intrinsisch motiviert. Verantwortliche werden zu Change Managern, die innerhalb des Unternehmens Werte verankern, die sowohl dem Gemeinwohl als auch dem Unternehmen selbst förderlich sind. Dieser Ansatz ist wie bereits erwähnt nicht altruistisch, sondern von einer gesunden Portion Eigennutz getrieben. Suboptimale Arbeitsbedingungen oder Umweltverschmutzung werden nicht mehr als externe Probleme gesehen. Vielmehr erkennen Shared Value folgende Unternehmen, dass es dem Erfolg des eigenen Unternehmens dienlich ist, sich mit grundlegenden gesellschaftlichen Problemstellungen auseinanderzusetzen. Sie verbessern gleichzeitig ihre eigenen Methoden und operativen Praktiken. Es wird immer wieder deutlich, dass einzelne Unternehmen und Menschen Gesellschaft und Wirtschaft mitgestalten können und sollten.

Dies schreibt auch der Mitbegründer und Leitartikler der Wirtschaftszeitschrift „brandeins" Wolf Lotter in seinem Buch „Zivilkapitalismus". Zu dem, was er Zivilkapitalismus nennt und die Bedeutung der Marke im Zivilkapitalismus habe ich ihm ein paar Fragen gestellt.

Herr Lotter, Ihr neues Buch hat den Titel „Zivilkapitalismus".
Können Sie kurz beschreiben, was damit gemeint ist?
Zivilkapitalismus ist der Kapitalismus der freien Bürger der Zivilgesellschaft. Also eine Ökonomie, bei der die Macht des Einzelnen weitaus größer ist als heute. Wir sind jetzt Konsumenten
oder wie man auch so schön sagt: Verbraucher. Es wird Zeit, dass
wir die Rolle der Gestalter übernehmen. Das fehlt uns im Puzzle
der Emanzipation noch: Wirtschaftlich so unabhängig wie möglich zu sein. Heute sind in ökonomischer und damit in materieller
Hinsicht viel zu viele abhängig. Zivilgesellschaft ist Teilhabe plus
Teilnahme. Dabei gehen wir von einer managerorientierten Wirtschaft in eine mit deutlich stärkerer unternehmerischer Ausprä-
gung. Selbständigkeit wird der Normalfall werden, auch wenn das
heute immer noch Ausnahme statt Regel ist.

Müssen Unternehmen in Zukunft werteorientierter handeln?
Ja, aber nicht im „moralischen" oder gar „moralisierenden" Sinn,
bei dem man anderen Vorschriften macht, was gut für sie ist. Das
ist von gestern. Es geht um eine klare, unmissverständliche Position, bei der die eigenen Werte für alle, die mit der Marke zu tun
haben, klar werden und um einen Unterschied. Die Zeiten, in
denen man everybody's darling sein wollte und sich um eine klare
Ansage drückte, sind vorbei. Werteorientiert handeln ist eigentlich ganz einfach: Nichts verschweigen, nichts beschönigen, aber
sich auch nicht für das, was man tut, ständig entschuldigen. Ich
denke, da ist es für alle noch ein weiter Weg bis dorthin.

Was macht Unternehmensmarken im Zivilkapitalismus aus?
Im Zivilkapitalismus herrscht eine hohe Vielfalt und eine zunehmende Fähigkeit, Komplexität nicht als Bedrohung zu verstehen,
sondern als etwas Gutes, die Geschäftsgrundlage eigentlich. Damit ist eines ja ganz klar: Marken werden sich deutlich leichter
tun, als Orientierungspunkte in einer solchen Welt zu dienen als
No-Names. Markenentwicklung und Markenpflege ist keine Lu-
xus-, sondern eine Existenzfrage. In einer komplexen, differen-

zierten Gesellschaft, und das ist die Zivilgesellschaft mit ihren zivilkapitalistischen Akteuren, geht es um Kenntlichkeit.

In Zeiten postmoderner Konsumenten müssen sich Experten ein Stück weit von bislang als allgemeingültig betrachteten Paradigmen der Markenführung verabschieden. Vor allem das Internet, speziell die sozialen Netzwerke, ermöglichen es Konsumenten, weltweite Publikation, Partizipation und Interaktion. Die Marke als soziales Phänomen ist nicht in dem Maße plan- und kontrollierbar wie es viele Unternehmen gerne hätten. Einerseits nutzen Unternehmen das Internet als Kommunikationsplattform und Vertriebskanal – auf der anderen Seite nutzen es Konsumenten als Informationsquelle und als soziale Interaktionsplattform. Kunden zeigen ihr Interesse an Unternehmen nicht mehr allein durch den Kauf, sondern dadurch, dass sie bewerten, an Produktentwicklungsprozessen teilnehmen (Crowdsourcing/Open Innovation), Teil von Brand Communities oder auch kritischen Gemeinschaften sind. Hier werden Konsumenten zu gleichberechtigten Partnern. Die vielbeschworene Kommunikation auf Augenhöhe wird unabdingbar. Wo wir auch wieder beim Cluetrain-Manifest wären: Märkte sind Gespräche. Zentrale Aufgabe der Markenführung scheint in Zukunft weniger die Steuerung als die Moderation zu sein.

1.12 Praxisbeispiel: Kollaborative Markenführung bei Premium Cola

Es gibt einige Unternehmen, in denen die Marke nicht von einer bestimmten Abteilung oder einem Management-Zirkel geführt wird, sondern von allen Interessengruppen zusammen. Ein Unternehmen, das einen eher ungewöhnlichen Ansatz der Unternehmens- und Markenführung gewählt hat, ist der Hamburger Getränkehersteller Premium. Im Folgenden möchte ich Premium quasi als Extrembeispiel bereichsübergreifender Markenführung anführen.

Im Oktober 1999 liegt der Neu-Hamburger Uwe Lübbermann in der Badewanne und trinkt eine afri-cola – seit vielen Jahren sein Lieblingsgetränk. Doch dieses Mal schmeckt die Cola komisch und auch die sonst gewohnte Koffeinwirkung will nicht eintreten. Also wendet er sich an den Hersteller und erfährt, dass die Marke „afri-cola" verkauft und heimlich die Rezeptur verändert worden ist. Also gründet er mit anderen afri-Fans die Interessengruppe „Premium" und fordert die neuen Besitzer der Marke dazu auf, zur alten Rezeptur zurückzukehren, was aber trotz großer Medienresonanz nicht passiert.

Durch Zufall bekommen die afri-Fans Kontakt zu einem ehemaligen Abfüller der afri-cola, der ihnen 1.000 Flaschen mit der geliebten Limonade produziert. Als die ausgetrunken sind, müssen neue her. Einer der Mitstreiter reicht Probeflaschen über die Theke seines Imbiss und plötzlich hat die Interessengemeinschaft Kunden und steht vor der Herausforderung regelmäßig Getränke herzustellen und zu liefern. Das war 2001. Premium Cola wird langsam aber sicher ein Unternehmen. Wichtig ist von Anfang an die Perspektive der Kunden. So verpflichtet sich das Unternehmen beispielsweise Produktionsfehler aktiv zu veröffentlichen. Es wird eine Struktur mit eigener Buchhaltung, organisierter Logistik, regelmäßigen Abläufen, effektiverer Vernetzung, einem Steuerberater usw. wird aufgebaut, die Absatzmengen steigen. Ab April 2007 ist erstmals ein Anteil für den Organisator drin. Es wird ein CO_2-Ausgleich für Transporte eingeführt und die Marke Premium für Open Franchise freigegeben. Premium entwickelte ein Betriebssystem, nach dem das Unternehmen kollektivistisch arbeitet. Das Betriebssystem besteht aus den Haupt-Handlungsfeldern Ökologie, Soziales und Ökonomie. Es gibt keine klassischen Hierarchien. Die Mitglieder des Kollektivs organisieren sich über eine Mailingliste, über die Unternehmensentscheidungen diskutiert und ein Konsens angestrebt wird. Einmal jährlich gibt es ein Treffen. Der Gründer Uwe Lübbermann nennt als Zweck der Kooperative eine wirtschaftlich funktionierende Organisation mit hundertprozentiger Mitbestimmungsmöglichkeit für alle Beteiligten

Abb. 1.3. Plakat „Premium
Cola." (Quelle: www.
premium-cola.de)

SYSTEMWANDEL KANNST DU TRINKEN.

zu bilden. Selbst Endkunden haben also Einfluss auf die Entscheidungen und Handlungen des Unternehmens. Die Hauptaufgabe von
Premium ist nicht das Verkaufen an sich oder das Erzielen von Gewinn, sondern die Balance der Handlungswirkungen. Sprich, es soll
allen Beteiligten gut gehen.

Durch die Beiträge aller Beteiligten und deren Einbeziehung in
alle Entscheidungen, ist mit Premium quasi eine Open Source-Mar-
ke entstanden. „Im Ergebnis sind so aber viel klügere und viel breiter
getragene Entscheidungen möglich", sagt Lübbermann. Die Kunst
sei es, ein Kollektiv aus unterschiedlichen Leuten so zu moderieren,
dass am Ende ein tragfähiges Ergebnis rauskommt.

In Bezug auf Markenführung im Premium-Kollektiv erzählte mir
Uwe Lübbermann, dass dem Wirtschaften bei Premium drei Ziele
übergeordnet sind, die zu einer nachhaltigeren, umweltschützenden
und finanziell sauber aufgestellten Wirtschaft führen sollen. Das
Unternehmen wird also nicht zum Selbstzweck geführt, sondern um
einen Beitrag zu einem gesellschaftlichen und ökonomischen Wandel zu leisten. Seine Ziele sind: Eine gemeinsame Form des Wirt-

schaftens zu etablieren. Den Weg für eine Ökonomie bereiten, die Gemeinwohl als Aufgabe betrachtet und alle Interessengruppen wie Kunden, Lieferanten oder Dienstleister mit einbezieht. Premium ist Unterstützer der Gemeinwohlökonomie Christian Felbers, die sich als ein alternatives Wirtschaftssystem bezeichnet, das auf das Gemeinwohl fördernden Werten aufgebaut ist. Die Postwachstumsgesellschaft, in der nicht mehr Gewinn und Wachstum vorrangige Ziele sind, sondern Nachhaltigkeit und Konsistenz. Eine Gesellschaft, in der Statussymbole nicht mehr in materiellen Dingen bestehen. Hier sind nicht nur Unternehmer, sondern auch Konsumenten und Politik gefragt. Die Menschen leben in der Postwachstumsgesellschaft nachhaltiger. Allerdings müssen durch die Politik auch die nötigen Rahmenbedingungen geschaffen werden. Führung und damit auch Markenführung funktioniere in diesem Rahmen nur, wenn sechs Aspekte berücksichtigt werden:

- **Vorhandensein eines stringenten Oberziels:** Etwa eine menschlichere Wirtschaft oder die Postwachstumsgesellschaft.
- **Konsistente Umsetzung** durch alle beteiligten Partner
- **Opensource:** Informationen freigeben, absolute Transparenz ermöglichen und auch Fehler zu geben. Aber auch der Rückweg muss aufgemacht werden, das heißt Reinnehmen von Informationen, Wünschen und Bedarfen der Beteiligten. Insgesamt muss Kommunikation dialogischer sein.
- **Filter wegfallen lassen:** Direkten Kontakt in alle Richtungen ermöglichen ohne zwischengeschaltete Stellen.
- **Gespräche füttern:** Marke ist für Lübbermann die Summe der Gespräche über eine Leistung oder ein Unternehmen. In dem Sinne hat das Unternehmen gar nicht die Möglichkeit, die eigene Marke wirklich zu führen. Es kann aber diese Gespräche mit Inhalten füttern, also Gesprächsangebote in Richtung der Oberziele des Unternehmens einbringen. Premium ist kommuniziert beispielsweise, die vegane Produktion der eigenen Produkte, um vegane Themen voranzutreiben, da die mit dem Oberziel Nachhaltigkeit korrespondieren. Denn erhöhter Fleischkonsum wirkt sich

negativ auf das Klima aus. Andere Themen sind die Ablehnung von Zinsen. Es werden weder Zinsen genommen noch bezahlt, das heißt Premium nimmt auch keine Skonti in Anspruch und nimmt keine Kredite auf. Auch zu großen Abnehmern steht man kritisch gegenüber und es wird ganz entgegen dem Usus ein Antimengenrabatt gewährt und Wachstumsbremsen eingebaut. Das Unternehmen ist nicht auf Gewinne und Wachstum aus, sondern auf Versorgung aller Beteiligten und Stabilität. Damit wiederum arbeitet Premium auf die Postwachstumsgesellschaft hin.

Die Marke Premium entwickelt sich durch den Austausch und neue Erkenntnisse innerhalb des Kollektivs regelmäßig weiter. Für Lübbermann ist das die Zukunftsform, eine Marke zu führen. Premium ist eine von vielen denkbaren Möglichkeiten, die zunehmende Vernetzung und Kollaboration bieten.

Sinnstiftende Marken entwickeln   2

2.1 Sinnstiftung für Marken von Grund auf verstehen

Die Suche nach Sinn ist ein zentrales Zeitgeistphänomen der modernen westlichen Welt. Ursache hierfür ist unter anderem der geringer gewordene Einfluss der christlichen Institutionen in der Gesellschaft, aber auch der großen politischen Ideologien nach dem Fall des Eisernen Vorhangs. Menschen suchen nach Sinn in ihrer konkreten Tätigkeit, aber auch im Rahmen ihres Konsums. Das bestätigt auch der vermehrte Kauf von Produkten, die biologisch erzeugt und fair gehandelt werden. Der eigene Konsum wird so als Beitrag eines sinnstiftenden Prozesses gesehen.

Um als Unternehmen für Mitarbeiter und Kunden als sinnstiftend wahrgenommen zu werden, reicht es nicht, in uneigennützige Projekte zu investieren und CSR-Strategien zu erarbeiten. Erst recht nicht, wenn diese gar nicht zum Unternehmen passen. Solche Maßnahmen können natürlich kurzfristige Imageverbesserungen bringen. Nachhaltig ist allerdings nur, wenn das, womit ein Unternehmen letztendlich seinen Umsatz erwirtschaftet, einem Anspruch folgt, der fernab monetärer Motivationen liegt. Das heißt, sinnstiftend ist ein Unternehmen dann, wenn seine Kernleistung in gewisser Hinsicht Sinn stiftet. Und wenn Handeln und Kommunizieren auch zusammen passen. Was aber heißt es eigentlich, wenn eine Leistung

S. Abbate, *Marken als Sinnstifter,* DOI 10.1007/978-3-658-05020-7_2,   57
© Springer Fachmedien Wiesbaden 2014

sinnstiftend ist? Was unterscheidet ein sinnstiftendes Unternehmen
von anderen Unternehmen?

Sinnstiftende Marken stehen nicht einfach für ein Unternehmen
oder ein Produkt. Sie stehen für eine Überzeugung, für gelebte Werte
und beziehen Position. Über die reine Befriedigung von Kunden-
bedürfnissen geht es sinnstiftenden Unternehmen auch darum,
individuelle Sinnbedürfnisse und ethische Ansprüche zu erfüllen.
Im Grunde ist das nicht neu. Den Begriff des ehrbaren Kaufmanns
etwa gibt es bereits seit dem Mittelalter. Heute stellen sich jedoch
viele Fragen der sozialen Verantwortung von Unternehmen neu.
Werteorientiertes Handeln kann nicht mehr nur durch nach außen
kommunizierte CSR-Maßnahmen erfolgen, während innerhalb des
Unternehmens beispielsweise Mängel im Bereich der Arbeitsbedingungen und der Unternehmenskultur vorherrschen. Gelebte Werte
sind die Richtschnur des unternehmerischen Handelns und eine
positive Unternehmenskultur ist ein Must-have. „Und stimmt das
Klima, stimmt die Kultur, ist die Chance am größten, Mitarbeiter zu
begeisterten Markenbotschaftern zu machen: Mitarbeiter-Commit-
ment führt dann zu Kunden-Commitment." (Wala 2011)

Eine sinnstiftende Marke positionieren Tun wir einmal so, als ob
ein Unternehmen ein Mensch wäre. Dieser Mensch (ob Mann oder
Frau spielt hierbei keine Rolle) möchte gerne stärker wahrgenommen werden, weil er das Gefühl hat, seine Mitmenschen erkennen
nicht sein wirkliches Potenzial. Er findet nicht den richtigen Job,
bekommt nicht das Gehalt, das er sich wünscht und wird dadurch
zunehmend unzufriedener. Also entscheidet er sich dazu, jemanden
aufzusuchen, der ihm dabei hilft, etwas daran zu ändern.

Zunächst wendet er sich an das nächste Kosmetikstudio, weil er
glaubt, es liege an seiner unreinen Haut, dass er nicht beliebt ist. Dazu
lässt er sich direkt noch beim Friseur nebenan die Haare schneiden.
Er sieht zwar jetzt besser aus, muss aber feststellen, dass das schmerz-
liche Pickeldrücken und die teuren Cremes ihn auch nicht selbstsi-
cherer machen. Nicht einmal seine neue Frisur hilft ihm dabei, auf

andere Leute zuzugehen und sie von seinen Fähigkeiten zu überzeugen. Er denkt sich also, sein Problem muss woanders liegen und kann nicht etwas Äußerliches sein. Was hemmt ihn aber daran, seine Möglichkeiten zu entfalten und mehr in seinem Leben zu erreichen? Er gönnt sich den Spaß und beschließt, sich coachen zu lassen. Und schnell merkt er, dass er sich gar nicht so sicher ist, ob er eigentlich weiß, wo seine Stärken liegen, was ihn innerlich antreibt, und wo er in Zukunft hin will. Also beginnt er damit, genau das herauszufinden und sich bewusst zu machen, wer er eigentlich ist. Noch einmal zurück zum Unternehmen. Der Friseurbesuch und die Kosmetikbehandlung sind Markenentwicklung, die allein auf dem Image basiert. Das Coaching und die damit einhergehende Selbsterkenntnis und Bewusstmachung der eigenen Stärken – das wäre dann identitätsorientierte Markenführung.

Bleiben wir bei der Metapher des Menschen und schauen uns einmal an, was für diesen Menschen der Sinn seines Handelns, also der Sinn des Lebens sein kann. Würde man einem Unternehmen unterstellen, dass der Sinn des Wirtschaftens ausschließlich darin liegt, möglichst hohe Profite zu erzielen, käme das der Behauptung gleich, der Sinn menschlichen Handelns wäre es möglichst viel zu essen, zu trinken und zu atmen. Genauso wenig wie das als Lebenssinn ausreicht, sondern lediglich das Überleben sichert, kann das Erzielen von Gewinnen auch lediglich das Weiterbestehen des Unternehmens sichern. Gewinn kann nur Mittel zum Zweck sein. Schon Aristoteles spricht von zwei Dingen, „auf denen das Wohlgelingen in allen Verhältnissen beruht. Das eine ist, dass Zweck und Ziel der Tätigkeit richtig bestimmt sind. Das andere aber besteht darin, die zu diesem Endziel führenden Handlungen zu finden." Vor der Frage nach dem, was wir tun und wie wir es tun, sollte zunächst klar sein, warum wir etwas tun wollen, was wir bezwecken möchten.

Der Stakeholder-Ansatz Sinnstiftende Unternehmen folgen dem Stakeholder-Ansatz. Dieser geht davon aus, dass Unternehmen soziale Gemeinschaften sind, die direkt und indirekt mit verschiede-

nen Gesellschaftsgruppen verbunden sind. Das heißt, Unternehmen
können nicht losgelöst von der Gesamtgesellschaft betrachtet werden. Sie sind Teil von Netzwerken und ihr Handeln übt Einfluss auf
unterschiedliche Gruppen von Menschen aus.

Unternehmen, die sich als sinnstiftende Marken positionieren, erkennen das. Zu den Stakeholdern gehören im Gegensatz zum Shareholder Value nicht nur Aktionäre und Kreditgeber, sondern auch
Kunden, Mitarbeiter, Lieferanten, der Staat und das Gemeinwesen,
also die Gesellschaft, in der ein Unternehmen tätig ist. Unternehmen,
die ihren Stakeholdern verpflichtet sind, müssen sich gesellschaftlich
legitimieren, womit sich die Frage nach dem Sinn automatisch stellt.

Sinnstiftende Marken beantworten diese Frage erlebbar in ihrer
Unternehmenspraxis. Ihr Engagement ist durch den Unternehmenszweck begründet und häufig auch durch kontinuierlich tätige
Identifikationspersonen für Stakeholder nachvollziehbar und glaubhaft. Stakeholder orientierte Markenführung impliziert gleichzeitig
Nachhaltigkeit, ohne dass darüber großartig gesprochen wird. Eine
sinnstiftende Marke ist ohnehin daran interessiert, Bedingungen für
das eigene Überleben, organisches Wachstum und somit zum Guten der Gesellschaft auch in Hinblick auf zukünftige Generationen
zu schaffen. So etabliert sich der Nachhaltigkeitsansatz im Unternehmen lange bevor Nachhaltigkeitsberichte und CSR-Maßnahmen
marketingtechnisch zum Reputationsaufbau und der Imageverbes-
serung genutzt werden. Selbst wenn ökologische und gesellschaftliche Themen im Unternehmen eine untergeordnete Rolle spielen, ist
es solchen Unternehmen ein Anliegen, langfristig Bestand und Erfolg zu haben. Somit hat der Nachhaltigkeitsgedanke definitiv auch
eine ökonomische Seite.

In einem Unternehmen heißt Sinnstiftung also eine Antwort auf
die Frage zu finden, warum das Unternehmen eigentlich existiert,
warum man tut, was man tut und ob dieses Handeln inhaltlich,
ökonomisch und ethisch angemessen ist. Die Manifestation dieser
Antwort ist gewissermaßen der Markenkern eines sinnstiftenden
Unternehmens. Natürlich gibt es in einem Unternehmen mit vielen

unterschiedlichen Mitarbeitern nicht die eine Antwort. Noch weniger, wenn weitere Stakeholder in den Markenprozess einbezogen werden. Es gibt immer nur die Möglichkeit, dem Kern möglichst nahe zu kommen und eine gangbare Lösung zu finden.

Machen wir dazu einen kleinen Ausflug in die Philosophie. Es ist schwer, über die tatsächliche Identität eines Unternehmens zu sprechen, wenn es vielfach unterschiedliche Sichtweisen und Wahrnehmungen von ihm gibt. Der Radikale Konstruktivismus, eine Art Metadisziplin, die in Neurobiologie, Psychologie und Kommunikationswissenschaft begründet liegt, sagt, dass wir Menschen gar keinen Zugang zu einer ontologischen, also absoluten Wahrheit haben. Wir haben nicht die Möglichkeit, die Welt, so wahrzunehmen, wie sie objektiv ist, sondern konstruieren uns unsere Wirklichkeit. So gesehen wäre es irgendwie anmaßend, als Berater ein Unternehmen zu beobachten und die eigene Wahrnehmung, als das, was man aus dem eigenen Blickwinkel gesehen und gehört hat, als Identität des Unternehmens und somit als absolute Wahrheit zu bezeichnen. Das wäre immer subjektiv. Es ist aber auch gar nicht nötig, die absolute Wahrheit zu suchen. Der Konstruktivismus hat die Forderung nach absoluter Objektivität längst aufgegeben und stattdessen den bescheideneren Begriff der Viabilität eingeführt. Übersetzt heißt das so viel wie Gangbarkeit. Nach Ernst von Glaserfeld, der mit Heinz von Foerster als Begründer des Radikalen Konstruktivismus gilt, sind Handlungen oder Begriffe dann viabel, wenn sie zu den Zwecken oder Beschreibungen passen, für die wir sie benutzen. Und so gilt es statt eine als objektiv wahr postulierte Identität eine viable Identität zu finden.

Werte und Haltung zeigen Marke hat unheimlich viel mit Werten und Haltung zu tun. Unsere Haltung zu den Dingen, die wir tun, bestimmt auch, ob wir uns dazu entscheiden, einfach ein Geschäftsmodell zu entwickeln, um damit Geld zu verdienen oder ob wir Sinn darüber hinaus stiften und uns engagieren wollen.

So kann im Grunde jeder unternehmerischen Tätigkeit der Wille, positiv auf die Gesellschaft und die Umwelt zu nehmen, zugrunde liegen. Ich kann Schuhe verkaufen, weil ich damit Geld verdiene oder weil ich Menschen die Möglichkeit geben will, nicht barfuß durch Wind und Wetter gehen zu müssen. Das ist alles eine Sache des inneren Anspruchs, der Haltung. Aus dem Blickwinkel heraus betrachtet sind alle Nachhaltigkeitsstrategien und CSR-Maßnahmen falsch herum gedacht. Unternehmen, die ihr Handeln als Mission verstehen, werden leidenschaftlicher geführt und wirtschaften von innen heraus gut und ein Stück weit altruistisch, natürlich jedoch auch mit dem Hintergrund zukunftsfähig und profitabel zu bleiben. Es braucht keine nachträglichen Strategien und Maßnahmen zur Beruhigung des eigenen Gewissens und zur Ruhigstellung der Öffentlichkeit. Denn allzu häufig ist CSR genau das – hart ausgedrückt: der Versuch, sich von den Sünden des sinnentleerten Wirtschaftens rein zu waschen. Führungskräfte und Mitarbeiter von Unternehmen, die von dem Wunsch, Gutes zu tun, angetrieben werden, finden in ihrer Arbeit viel mehr Erfüllung als diejenigen, die in einer rein profitorientierten Firma tätig sind.

Im übertragenen Sinne: Sinnstiftende Unternehmen befreien Sisyphos vom Leiden der unnützen Arbeit. Sisyphos ist eine Figur der griechischen Mythologie. Weil er den Todesgott Thanatos überlistet und fesselt, um so nach seinem eigenen Tod ins Leben zurück zu kehren, wird er von den Göttern bestraft. Seine Strafe bestand darin, einen gigantischen Felsblock einen steilen Hang hinaufzurollen. Kurz vor Erreichen des Gipfels, entglitt ihm jedes Mal der Stein und rollte zurück, so dass er wieder von vorn beginnen musste. Er war so zu ewiger, sinnloser Mühe verdammt.

Die unternehmerische Haltung, Sinn zu stiften, durchbricht den Fluch, der auf der Arbeit liegt, nämlich notwendiges Übel zu sein, um seinen Lebensunterhalt zu bestreiten. Wirtschaften ist nicht Zwang, sondern die Möglichkeit, zu gestalten und die Welt zu verbessern. Veränderung und somit auch Verbesserung fängt immer beim Einzelnen an. Beim einzelnen Menschen und beim einzelnen

Unternehmen. So in etwa sagte das wohl auch Sokrates: „Wer die Welt bewegen will, sollte erst sich selbst bewegen." Und um sich selbst zu bewegen, muss man sich zwangsläufig klar machen, wozu man das alles tut. „Warum gibt es mein Unternehmen? Was will ich damit bezwecken?", muss die erste Frage sein, die ich mir als Unternehmer stelle. In der heutigen Wirtschaft scheint dieser Denkansatz ein Stück weit verloren gegangen zu sein.

Wirtschaft ist für viele ein abstrakter Begriff geworden, der wenig vertrauenseinflößend ist. So wenig wie die Frage gestellt wird, warum man eigentlich wirtschaftet, wird darüber nachgedacht, zu wessen Nutzen. Je größer Unternehmen sind, desto weniger werden sie greifbar. Die Menschen, die dahinter stecken, die diese Unternehmen vielleicht mit einer gewissen Portion Idealismus, mit dem Wunsch, etwas zu bewegen, verschwinden im Nebel. Und auch der Anspruch, mit dem ein Unternehmen gegründet wurde, verwässert mit zunehmendem Wachstum. Dabei ist das doch genau das, was sie von Anfang an ausgemacht hat und der Grund, warum Kunden ihre Produkte kaufen. Kunden geht es weniger um Dinge wie Qualität oder in weiten Teil den Preis. Sie kaufen bestimmte Produkte, weil sich ihre Glaubenssätze mit denen des herstellenden Unternehmens decken. Sie finden sich in der Marke wieder. Unternehmen, die sich ihrer Antriebe und ihrer Glaubenssätze bewusst sind und diese nach außen kommunizieren, grenzen sich stärker ab, sind authentischer und bieten Orientierung. Ihnen wird vertraut. Das ist wie bei einem Menschen, der klar zu seiner Meinung und seinen Werten steht. Das kann sympathisch, für manche aber auch unsympathisch sein. In jedem Fall weiß man aber, woran man ist, wenn man es mit dieser Person zu tun hat. Decken sich ihre Werte mit den meinen, baue ich automatisch Vertrauen zu ihm auf.

Identität bestimmt die Marke Die Grundannahme der identitätsbasierten Markenführung ist, dass die Identität der bestimmende Faktor ist, der eine Marke authentisch macht und für nachhaltige Differenzierung gegenüber dem Wettbewerb sorgt. Das setzt voraus, dass wir zuallererst anfangen, unser Verständnis von Marke zu hinterfragen. Es gibt unzählige Definitionen, die alle etwas anderes behaupten, was Marke nun eigentlich ist. Für die einen ist sie gewerbliches Schutzrecht oder markiertes Produkt, für die anderen ein Zeichenbündel. Doch sind das im Grunde nur Facetten der Marke, die nach außen hin sichtbar werden. Marke beginnt weit vor dem Corporate Design, der Anmeldung des Markennamens oder der Gestaltung des Produkts. All das, wie auch die gesamte Kommunikation macht nicht die Marke aus, sondern wird durch die Marke bestimmt. Was Außenstehende vom Unternehmen wahrnehmen und ob diese Wahrnehmung eher positiv oder negativ ist, bezeichnen wir als Markenimage.

Aber Vorsicht! Image ist nicht gleich Identität. Nehmen Sie an, Ihr Unternehmen wäre eine Person. Fragen Sie sich nicht, wie diese Person gesehen werden sollte, sondern wer sie wirklich ist und was sie tun kann, um einen gesellschaftlichen Beitrag zu leisten. Die Sozialwissenschaften verstehen unter Identität ein Merkmalsbündel, das einem Individuum von anderen Individuen zugeschrieben wird. In einem gedanklichen Prozess der Rollen-Übernahme verdeutlicht sich das Individuum Standpunkte und Haltungen der anderen und reflektiert diese in Bezug zu eigenen Positionen. Die reflexive Betrachtung der eigenen Person aus Sicht anderer führt zur Herausbildung der eigenen Identität. Übertragen auf das Konzept der Marke, findet die (Marken-)Identität auf Seite der Nachfrager ihre Entsprechung im Markenimage. Ein Image unterliegt gesellschaftlichem Wandel, Moden, dem Zeitgeist. Die Identität ist fest verankert und entwickelt sich im besten Fall weiter, bleibt aber im Kern immer dieselbe. Sie ergibt sich aus dem Selbstbild der internen Zielgruppen eines Unternehmens, also Führung und Mitarbeiter, und aus den Beziehungen und der Interaktion, sowohl zwischen den internen Gruppen untereinander, als auch zwischen internen und externen Zielgruppen. Demgegenüber ist das Markenimage das reine Fremdbild der Marke, also die Sicht externe Zielgruppen, wie Kunden, Lieferanten oder sonstige Stakeholder. Dieses Fremdbild ist ein subjektives Vorstellungsbild, das in der Psyche der Außenstehenden verankert, verdichtet und wertend ist. Hier sind wir auch schon wieder beim Konstruktivismus. Jeder sieht die Marke so, wie sein Gehirn es ihm, aufgrund seines Erfahrungsschatzes, kulturellen Kontextes etc., erlaubt. Da hört es sich nach einer ziemlich großen Herausforderung an, eine Marke so zu positionieren, dass der Markenkern ihrer Identität entspricht. Fazit:

Niemand wird die objektive, die wahre Identität eines Unternehmens herausarbeiten können.

Wenn man überlegt, wie vielschichtig die Identität eines einzelnen Menschen ist, wie vielschichtig ist dann die Identität eines Unternehmens, in dem 500, 1.000 oder 10.000 Menschen arbeiten? Nichtsdestotrotz ist es richtig, eine Marke identitätsbasiert zu positionieren, damit sie authentisch und nachhaltig erfolgreich ist. Und da kommen wir wieder zum Begriff der Viabilität. Wenn es auch nicht möglich ist, die absolut wahre Identität zu finden – eine viable Identität lässt sich herausarbeiten. Das ist dann quasi die Schnittmenge der einzelnen Selbst- und Fremdbilder, mit der sich jeder der Beteiligten identifizieren kann.

Zur Bestimmung der Markenidentität, muss man erst einmal herausfinden, wie die unterschiedlichen Gruppen die Marke bzw. das Unternehmen wahrnehmen, wie sie die Markenmerkmale, die sowohl funktionalen als auch symbolischen Nutzen beinhalten. Die Markenmerkmale können rational oder emotional begründet sein. Funktionale Nutzen leiten sich aus den physikalischen und funktionellen Merkmalen eines Produktes oder eines Unternehmens ab – etwa Farbe, Form, Größe, technische Eigenschaften etc. Symbolischer Nutzen entsteht immer dann, wenn eine Marke neben dem funktionellen Nutzen einen zusätzlichen immateriellen Nutzen stiftet: Prestige, Gruppenzugehörigkeit, Selbstverwirklichung oder die Ausdrucksmöglichkeit eigener Werte. Eine Marke erfüllt stets verschiedene Funktionen, etwa die Informations- oder die Vertrauensfunktion. Sie entlastet den Nachfrager als Orientierung bei seiner Informationsbeschaffung. Hier ist fundierte Analysearbeit gefragt.

- **Erster Schritt:** Es gilt herauszufinden, wo und in welcher Form relevante Zielgruppen mit der Marke in Berührung kommen, was also die Touchpoints der Marke sind. Hierbei sollte man sich nicht auf den Kundenstamm konzentrieren, sondern wirklich möglichst alle Gruppen, die mit der Marke in Berührung kommen, einbeziehen – sowohl unternehmensintern als auch -extern.
- **Zweiter Schritt:** Sind die Markenberührungspunkte und damit auch die Personengruppen, die mit der Marke in Berührung kommen, klar, geht es an die Befragung. Abgefragt wird die individuelle Wahrnehmung der Marke innerhalb der einzelnen Gruppen, was die Marke sympathisch oder unsympathisch macht, wo der funktionale und der symbolische Nutzen sind usw. So erhält man eine Vielzahl an Attributen und Zuschreibungen von den unterschiedlichsten Stakeholdern – von der Unternehmensführung bis hin zu den einzelnen Mitarbeitern, von den Kunden bis hin zum Lieferanten.
- **Dritter Schritt:** Ähnlich wie in einem Coaching werden Mitarbeiter unterschiedlicher Ebenen darin unterstützt, sich der eigenen Stärken bewusst zu werden. Diese Attribute und Werte kann man in der Regel in mehreren Workshop-Runden soweit verdichten, dass man drei bis vier übergeordnete Markenwerte und einen Markenkern als gemeinsame Klammer allen Handelns des Unternehmens erhält.

Alle Versuche, Markenwerte in den Köpfen der Mitarbeiter zu verankern, sind jedoch zum Scheitern verurteilt, wenn nicht das Top-Management in den Markenprozess involviert ist und markenkonformes Verhalten vorlebt. Die Führungskräfte eines Unternehmens geben die Inhalte und Werte einer Marke durch das eigene Verhalten an ihre Mitarbeiter weiter. Hierzu müssen sie die Marke jedoch so verinnerlicht haben, dass sie mit Überzeugung als Markenbotschafter fungieren können. Es ist also zwingend erforderlich, die Unternehmensführung bereits in den Markendefinitionsprozess einzubeziehen, so dass das Ergebnis – der Markenkern – auch Teil ihrer Entwicklungsarbeit ist, hinter dem sie voll und ganz stehen können. Ist die Unternehmensführung gewillt und in der Lage, die Markenwerte in ihrem täglichen Handeln konsequent umzusetzen, die Marke also zu leben, gibt sie dieses Verhalten bewusst und unbewusst an ihre Mitarbeiter weiter. Der Mitarbeiter zieht aufgrund der Vorbildfunktion des Vorgesetzten Rückschlüsse auf sein eigenes Verhalten. Die Marke beeinflusst die Unternehmenskultur. Nun sollte man es aber auf keinen Fall beim reinen Erkenntnisgewinn belassen, sondern die Werte fest im Unternehmen verankern. Hierzu eignen sich unterschiedliche Werkzeuge, wie Markenscorecards, Storytelling, Brand-Reminder, Markenhandbücher und viele andere. Welche Maßnahmen man wählt, sollte vom Unternehmen und den Mitarbeitern abhängig gemacht werden.

Egal, ob nach innen oder außen gerichtet, gute Markenführung ist authentisch und nachhaltig. Momentan scheint der Begriff Nachhaltigkeit vor allem ein Hype zu sein und wird mit „Öko" und vor allem Verzicht assoziiert. Natürlich ist Ressourcenschonung elementarer Bestandteil des Nachhaltigkeitsgedankens, aber eben nicht nur. Nachhaltigkeit bedeutet vor allem eines: Zukunftsfähigkeit. Unternehmen, die nachhaltig wirtschaften, gestalten die Zukunft, erschließen neue Märkte, stärken ihre bestehenden Produkte dadurch, dass sie sie mit einem sozialen und/oder ökologischen Mehrwert versehen. Nachhaltig handelnde Unternehmen werden in Zukunft die Unternehmen sein, die keine Probleme bei der Mitarbeitergewinnung und dem Erschließen neuer Zielgruppen haben werden. Nachhaltiges Denken ist vorwärtsgerichtet und bezieht ökonomische, ökologische und soziale Aspekte in die unternehmerische Strategie ein. Sie planen ihre Produkte nicht ausschließlich nach der Voraussetzung, was möglichst viel Profit bringt, sondern erarbeiten Lösungen für gesellschaftliche Problemstellungen, mit und durch ihre Produkte und Dienstleistungen.

Sinnstiftende Marken haben einen Unternehmenszweck definiert, der nichts mit Umsatz, Gewinn oder Marktanteil zu tun hat, wohl aber ihren Erfolg langfristig fördern. Sie haben eine Mission, die nicht bloß aus schönen Worten besteht, sondern im Unternehmen gelebt und aktiv nach außen getragen wird. Diese Mission, die sich aus den Werten, nach denen das Unternehmen handelt, ableitet, wird auch an alle Mitarbeiter kommuniziert und zwar in einer Form, die für sie attraktiv ist und in konkretem Handeln umgesetzt werden kann. In jeder beruflichen Situation – jeden Tag. Der Weg zu einer sinnstiftenden Marke erfordert ein Denken, das interdisziplinär und flexibel ist. Es handelt sich hierbei um einen integrierten Ansatz, der ganz unterschiedliche, möglichst alle, Bereiche unternehmerischen Handelns umfasst. Dabei greift eine Disziplin wie die Betriebswirtschaftslehre zwangsläufig zu kurz, denn es geht nur am Rande um Produktionskennzahlen, Investitionen oder Rentabilitätsrechnungen. Vor allem sind die Menschen, die ein Unternehmen ausmachen und die Konsequenzen, die das Wirtschaften hat, zu beachten. Konsequenzen für jeden einzelnen im Unternehmen, für die Gesellschaft, deren Teil man ist und für den Planeten insgesamt. Was John Donne schon im 17. Jahrhundert schrieb, trifft auch hier zu – für Menschen wie für Unternehmen: „Niemand ist eine Insel, in sich ganz; jeder Mensch ist ein Stück des Kontinents, ein Teil des Festlandes. Wenn eine Scholle ins Meer gespült wird, wird Europa weniger, genauso als wenn's eine Landzunge würde, oder ein Landgut deines Freundes oder dein eigenes. Jedes Menschen Tod ist mein Verlust, denn ich bin Teil der Menschheit; und darum verlange nie zu wissen, wem die Stunde schlägt; sie schlägt dir selbst."

Wie wir bereits gesehen haben, stellen Entwicklungen wie die Sharing Economy, nachhaltiger Konsum, Vernetzung, Globalisierung, neue Formen der Arbeit usw. die Wirtschaft und somit Unternehmen und Marken vor neue Herausforderungen, die es zu meistern gilt. Das Internet hat den ehemals passiven Verbraucher zum emanzipierten, vernetzten und verhandlungsmächtigen, aktiven Konsumenten gemacht. Sie setzen sich stärker mit Marken und deren Botschaften und Versprechen auseinander. Sie hinterfragen und kritisieren. Und sie tun das in immer größeren Netzwerken. Daher kann das Internet von Unternehmen nicht als reiner Profilierungs-

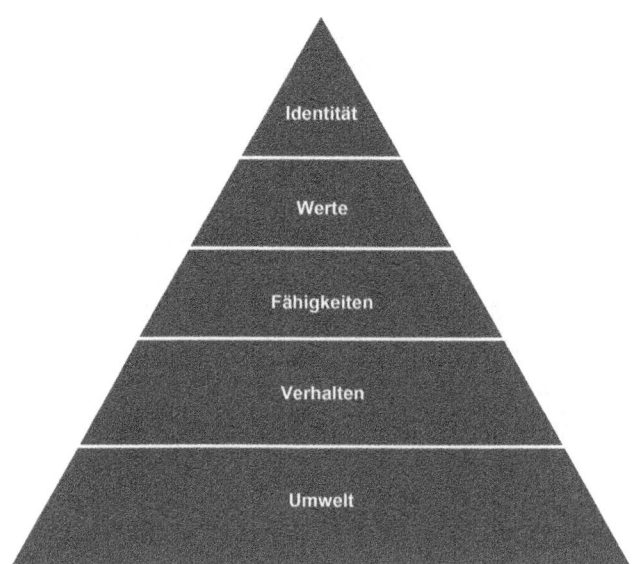

Abb. 2.1 Pyramide nach Bateson (eigene Darstellung)

raum ihrer Marken verstanden werden, sondern als Ort sozialen Austausches.

Treiber des Handelns identifizieren Um den Grad an Sinnstiftung Ihrer Marke zu messen, können Sie sich an folgendem Pyramiden-Modell orientieren. Das Modell beruht auf den Studien des britischen Anthropologen und Kybernetikers Gregory Bateson. Bateson gilt als Vater der systemischen Therapie. Er führte als erster systemorientierte und kybernetische Ansätze in die Sozial- und Humanwissenschaften ein. Sein Pyramidenmodell habe ich lediglich hinsichtlich der Marken- bzw. Unternehmensführung etwas modifiziert (siehe Abb. 2.1). Die Grundelemente sind jedoch die gleichen geblieben: Identität, Werte, Fähigkeiten, Verhalten und Umwelt. Umwelt und Verhalten sind dabei die sichtbaren Elemente unseres Handelns, also das, was bei anderen ankommt, was andere zu interpretieren haben, was letztlich unser Image ausmacht. Die Marke jedoch greift viel

tiefer, nämlich auf Identitätsbasis. Unternehmen, die herausarbeiten möchten, wofür sie wirklich stehen und was ihre besondere und
einzigartige Leistung für den Markt aber auch für die Gesellschaft
ausmacht, sollten sich die Fragen zu den einzelnen Grundelementen
zwingend beantworten können.

Identität
- Aus welcher Motivation heraus haben Sie Ihr Unternehmen
  gegründet? Ging es Ihnen lediglich darum, eine Einkom-
  mensquelle zu schaffen oder wollten Sie etwas mit Ihrem
  Unternehmen bewegen? Wenn ja, was bewegen Sie? Wie
  und wobei hilft Ihr Unternehmen anderen Menschen ganz
  konkret? Was verbessert Ihre Lösung? Sind Sie eher boden-
  ständig und traditionsbewusst oder vielleicht ein wenig
  abgehoben und dynamisch? Eher leise und schüchtern oder
  trommeln Sie laut und selbstbewusst? Wenn Ihre Marke eine
  Person wäre, wie sähe sie aus?
- Welchen Nutzen erbringt Ihr Unternehmen neben der Tatsache, dass es Geld erwirtschaftet und Arbeitsplätze schafft?
- Wofür steht Ihre Marke?
- Schreiben Sie intuitiv einige Attribute auf, die Ihr Unternehmen am besten beschreiben. Welche Metapher ist treffend
  für Ihr Unternehmen?

Werte
- Haben Sie sich schon einmal die Frage gestellt, wofür Sie
  eigentlich stehen möchten und vor allem, ob Sie durch Ihr
  Handeln auch dazu beitragen, dass Ihre Werte von Anderen
  wahrgenommen werden? Steht Ihre Marke nur für Werte
  wie Qualität, Kundenzufriedenheit oder Innovation? Dann
  sollten Sie sich einmal Gedanken darüber machen, ob es

nicht etwas anderes gibt, das das Wesen Ihrer Marke ausmacht, denn solche generischen Werte sind austauschbar und tragen nicht zu einer Differenzierung gegenüber Ihren Wettbewerbern bei. In übersättigten Märkten sind Qualität und Kundenorientierung Grundvoraussetzung wirtschaftlichen Handelns. Es gibt ganz sicher etwas, das sie von anderen unterscheidet, das Ihre einzigartige Identität beschreibt.

- Welche Werte treiben Ihr unternehmerisches Handeln an?
- Welche Interessen verfolgen Sie mit Ihrem Unternehmen?

Fähigkeiten
- Wie können Sie sich vom Wettbewerb differenzieren?
- Wie kann Ihre Marke die Unternehmensstrategie transportieren?
- Auf welche Stärken können Sie bauen, um Ihre Marke zu differenzieren?
- Was kann Ihr Unternehmen besser als alle anderen?

Verhalten
- Werden die Werte, nach denen Sie handeln, im Unternehmen gelebt?
- Wie lebt die Führung diese Werte vor?
- Wie wirkt sich die Markenpositionierung auf die einzelnen Abteilungen und Unternehmensbereiche aus?
- Welche Mechanismen benötigen Sie, um eine einheitliche Markenerfahrung zu garantieren?
- Welche Botschaften vermitteln Sie über Ihr Unternehmen und Ihre Leistungen?
- Wie erfragen Sie Kundenbedürfnisse?

Umwelt

- Haben Sie Ihre Werte an alle Mitarbeiter kommuniziert und zwar in einer Form, dass diese sie in ihrem konkreten Handeln berücksichtigen können?
- Haben Sie bereits darüber nachgedacht, ob Ihr Unternehmen konkrete gesellschaftliche Probleme lösen helfen könnte?
- Berücksichtigen Sie auch ökologische und soziale Entwicklungen in Ihrer Zukunftsplanung?
- Wer sind die wichtigsten Zielgruppen und Stakeholder Ihrer Marke?
- Wie wird Ihre Marke wahrgenommen?
- Warum entscheiden sich Ihre Kunden gerade für Sie?
- Wie können Sie die Bedürfnisse der unterschiedlichen Stakeholder integrieren?
- Welche Berührungspunkte sind geeignet, um die Markenpositionierung zu aktivieren?
- Wie können Sie bestimmte Touchpoints nutzen, um verschiedene Stakeholder zu erreichen?

Berater und Wissenschaftler stellen die Markenpositionierung häufig als unheimlich komplexen Prozess und langen, steinigen Weg da. Es erscheint manchmal so, als sei die Markenführung eine Wissenschaft für sich oder gar eine Art Hexenwerk, dessen Geheimnisse es zu hüten gilt. Dabei besteht der Markenprozess im Grunde aus lediglich drei Schritten, in denen ein Unternehmen in möglichst nicht mehr als vier Wochen als Marke positioniert wird. Dabei wird sich keine Positionierung ausgedacht, sondern nach Erfolgsgeschichten und dem realen Nutzen, den das Unternehmen seinen Stakeholdern bietet, gesucht. Und die gibt es in jedem Unternehmen. Es ist nur den meisten nicht bewusst.

Tab. 2.1 Drei Phasen des Markenaufbaus (eigene Darstellung)

Analysephase	Positionierungsphase	Umsetzungsphase
Status quo aus interner Sicht	Entwicklung/Herausarbeitung des Markenkerns und der Markenwerte	Interne Verankerung
Status quo aus externer Sicht		Umsetzung in Kommunikation etc.

▶   Es geht eigentlich immer nur um die zentrale Frage, um
    die so unheimlich viel herum geredet wird: *Wofür steht Ihr
    Unternehmen?*

Der Prozess des Markenaufbaus durchläuft im Groben drei Phasen
(siehe Tab. 2.1):

1. die Analysephase
2. die Positionierungsphase und
3. die Umsetzung- oder Verankerungsphase

Es ist wichtig, alle drei Phasen intensiv zu durchlaufen, um eine starke und authentische Marke zu entwickeln, da es weder ausreicht,
die Sichtweise der jeweiligen Stakeholder auf das Unternehmen zu
erfassen, noch lediglich die Markenwerte zu bestimmen, ohne dass
die Mitarbeiter wissen, was sie nun damit anfangen sollen. Um Differenzierungspotenzial zu bieten, muss die Marke klar positioniert
sein und im Unternehmen derart verankert werden, dass sie sprich-
wörtlich gelebt werden kann.

Da Markenführung ein ständiger Prozess ist, gilt es immer wieder
neue Themen zu finden und aufzugreifen, die die Marke nach innen
stärken.

An dieser Stelle können wir auch wieder das Pyramidenmodell
von Maslow (siehe Abb. 2.2) aufgreifen. Erweitert man die Bedürfnispyramide um Kunden- und Mitarbeiterbedürfnisse, erhält man
an oberster Stelle die sinnstiftende Marke.

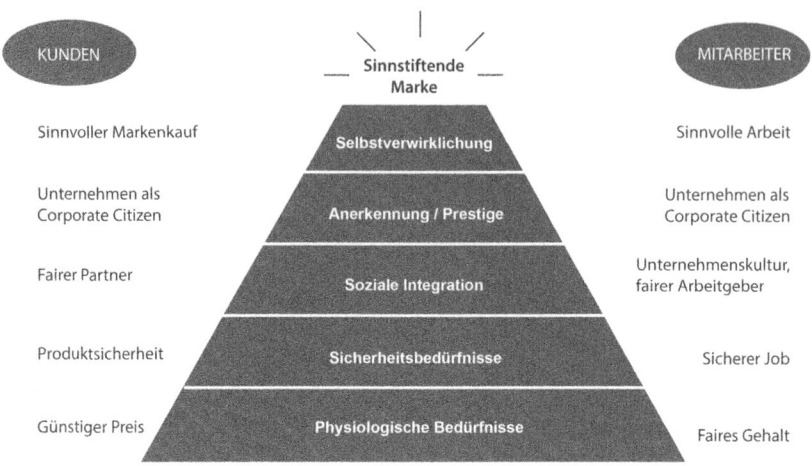

Abb. 2.2 Bedürfnispyramide (eigene Darstellung in Anlehnung an Fabisch)

2.2 Analyse des Status quo: Ihrer Marke auf den Grund gehen

Die Basis einer erfolgversprechenden Positionierung der Marke für die Zukunft, setzt eine fundierte Analyse des Status quo voraus. Ohne diese Analysephase würde eine Positionierung quasi im luftleeren Raum geschehen und sich eher an Wunschwerten orientieren und nicht an den tatsächlich vorhandenen Stärken des Unternehmens, den Erfolgstreibern der Marke. Es wäre somit mehr als schwierig, eine authentische und glaubwürdige Marke aufzubauen.

In der Analysephase werden alle relevanten Stakeholder des Unternehmens befragt. Das geschieht in Form von Tiefeninterviews, Workshops und Gruppendiskussionen. Die Analyse hat zum Ziel, die Essenz der Marke aufzudecken. Hierbei sind insbesondere die Erfolgsmomente im Unternehmen interessant und wie das Unternehmen bzw. konkret die Mitarbeiter im Unternehmen Veränderungsprozesse und kritische Momente erfolgreich gemeistert haben. Neben dem Selbstbild wird aber auch das Fremdbild abgefragt.

Eine Möglichkeit ist der Storytelling-Ansatz. Geschichten bewegen Menschen seit ihrer Kindheit. Über Geschichten tradieren Kulturen ihr Wissen und ihren Erfahrungsschatz.

Lassen Sie Ihre Mitarbeiter in einem Workshop einfach einmal ihre Geschichte erzählen

1. In welchen Situationen waren Sie besonders erfolgreich?
2. Woran lag das?
3. Welche konkreten Verhaltensweisen trugen zum Erfolg bei?
4. Lassen sich diese Verhaltensweisen auf andere Situationen adaptieren?
5. Wo hat Ihre Marke ihren Ursprung?
6. Welche Entwicklungen hat Ihre Marke bisher durchlaufen?
7. Welche Herausforderungen hat sie gemeistert?
8. …

Mehrere tiefenpsychologische Analyseverfahren werden bei der Markenanalyse eingesetzt. Die am häufigsten genutzte Methode ist das Tiefeninterview. Beim Tiefeninterview ist das Themengebiet grob vorgegeben. Der Verlauf des Gesprächs ergibt sich recht spontan und wird recht offen gehalten, da auch abschweifende Antworten des Befragten wichtige Erkenntnisse liefern können. Befragungstechniken wie Spiegeln, assoziative Verfahren oder die Laddering-Technik ermöglichen es dem Interviewer gezielt Emotionen des Befragten aufzudecken. Das Laddering-Verfahren läuft in vier Schritten ab: Als erstes werden die wichtigsten Eigenschaften der Marke qualitativ erfasst und als Datengrundlage für die folgenden Laddering-Interviews aufbereitet. Im Prinzip wird der Proband dabei immer wieder nach den mit den Eigenschaften der Marke verbundenen Einstellungen befragt, solange bis keine tiefere Antwortebene mehr erreicht werden kann. Ziel ist hierbei, so weit wie möglich in die Gedankenstruktur der Befragten vorzudringen und verdeckte Motive und Einstellungen offenzulegen.

Der spezielle Vorteil von Tiefeninterviews ist der unmittelbare Zugang zu den Sichtweisen und dem Erleben des Befragten bezüglich der Marke. Wichtig ist hierbei der größere zeitliche Rahmen, der Voraussetzung für ein gewisses Vertrauensverhältnis von Interviewer und Befragten ist. In Gruppeninterviews ist diese Art des Erkenntnisgewinns so nicht möglich. Dafür bieten sie aber die Möglichkeit Emotionen und Meinungen durch die soziale Interaktion der Teilnehmer hervorzubringen, wobei die entstehende Gruppendynamik selbst methodischer Ausgangspunkt des Interviews wird.

Um später die Identität der Marke definieren zu können, ist es wichtig, die Wahrnehmung aus unterschiedlichen Perspektiven zu erfassen. Dabei werden Stakeholdern (z. B. Mitarbeiter, Kunden, Lieferanten) Fragen zu den sieben Bereichen Unternehmen, Kunden, Kommunikation, Positionierung, Markt, Leistungen und Visionen gestellt, die dazu anregen, die Marke auch von ungewöhnlich erscheinenden Standpunkten aus zu betrachten.

1. **Unternehmen**
   - Welche Assoziationen weckt Ihr Unternehmen?
   - Was kann Ihr Unternehmen besser als andere?
   - Was macht Ihr Unternehmen einzigartig?
   - Welche Metapher umschreibt Ihr Unternehmen am ehesten?
   - Welche Werte bestimmen das Handeln Ihres Unternehmens?
2. **Kunden**
   - Wie sieht der typische Kunde Ihres Unternehmens aus?
   - Welche Berufe haben Ihre Kunden?
   - Wie finden Sie heraus, was Ihre Kunden wirklich wollen?
3. **Kommunikation**
   - Was erzählen andere über Ihr Unternehmen und Ihre Leistungen?
   - Wie treten Sie mit Ihren Kunden in Kontakt?
   - Welche Botschaften übermitteln Sie an Ihre Kunden?

4. Positionierung

- Worüber definiert sich Ihr Unternehmen bei den Kunden (Leistungen, Nutzen, Kompetenzen, was anderes?)
- Welchen Vorsprung hat Ihr Unternehmen in einzelnen Bereichen und warum?
- Warum entscheiden sich Kunden für Ihr Unternehmen?
- Welche speziellen Vorteile haben die Kunden bei Ihnen/durch Sie?
- Warum kaufen die Kunden NICHT bei Ihrem Unternehmen?
- Wer oder was sind Sie in den Augen Ihrer Kunden?
- Was macht Ihr Unternehmen aus Kundensicht ganz besonders gut?
- Wenn es Ihr Unternehmen morgen nicht mehr gäbe, was fehlt der Welt?
- Welches Nutzenversprechen überzeugt Ihre Kunden am meisten?
- Wenn die Marke eine Person wäre, wir würden Sie diese beschreiben (Geschlecht, Alter, Aussehen, Charakter, Vita, Freunde, Beruf, Hobbys, welche Automarke, welche Musik?)

5. Markt

Was machen Ihre Wettbewerber anders, besser oder schlechter?
- Wie unterscheidet sich Ihr Unternehmen von diesen Wettbewerbern im positiven Sinne?
- Was benötigt Ihr Unternehmen, bzw. was müsste es tun, um sich positiv von den Wettbewerbern abzusetzen?
- Gibt es einen vorbildhaften Wettbewerber – wenn ja, worin besteht die Vorbildfunktion?
- Welche Entwicklungen gibt es, die auf ein Wachstum Ihres Marktes hindeuten?

6. Leistungen

- Was ist die Kernkompetenz der Marke?
- Welche konkreten Probleme löst die Marke?
- Was tut Ihr Unternehmen genau?
- Welche Handlungen außerhalb Ihres Kerngeschäftes unternehmen Sie?

- Welche Geschäftsfelder hat Ihr Unternehmen?
- Was bekommt der Kunde für sein Geld?
- Erklären Sie einem Investor, warum er in Ihr Unternehmen investieren soll.
- Welche Erwartungen haben die Kunden?
- Was tun Sie, um die Erwartungen zu übertreffen?
- Welche Kompetenzen machen Ihre Besonderheit aus?
7. **Visionen**
- Was möchten Sie in 10 Jahren mit Ihrem Unternehmen erreicht haben?
- Konkretisieren Sie: was soll in 3 Jahren anders sein als heute?
- Was müssen Sie in einem Jahr erreicht haben, um das 3-Jahres-Ziel zu erreichen?
- Listen Sie auf: was muss genau getan werden, damit Sie die Jahresziele erreichen?

Um den Befragungsteilnehmer dazu zu veranlassen, sein normales Interaktionsschema zu verlassen und neue Perspektiven zu gewinnen, eignen sich zirkuläre Fragen. Dabei wird nach den Kreisläufen der Beziehungen gefragt. Es lassen sich grundsätzlich drei Arten von zirkulären Fragen unterscheiden: Unterscheidungsfragen (z. B. Vorher/Nachher, Rangfolgen), Wahrnehmungsfragen (Erfolgskriterien, Verschlimmerungen) und Möglichkeitsfragen (Wunderfrage, Perspektiven).

Ergebnis solcher Befragungen sind zunächst einmal recht große Datenmengen, die auszuwerten und vor allem zu verdichten sind. Das klingt im Grunde fast einfach, ist aber bei jedem Unternehmen ein ganz individueller Prozess. Letztendlich müssen die verdichteten Werte authentisch und für die Stakeholder relevant und konkret sein.

2.3 Positionierung der Marke: Wo steht Ihr Unternehmen und wo soll es hingehen?

Als größte Herausforderung für die Positionierung einer Marke kann die zunehmende Vergleichbarkeit oder gar Austauschbarkeit von Angeboten angesehen werden. „Die Homogenisierung ist im Wesentlichen eine Folge der Ausreifung von Märkten. Mit zunehmenden Alter von Märkten steigt die Zahl der miteinander konkurrierenden Marken, diffundiert technologisches Know-how und die von den Marken genutzten Vertriebskanäle gleichen sich an." (Burmann et al. 2012)

Die identitätsbasierte Markenpositionierung besteht neben der Analyse der Nachfragerpräferenzstruktur aus folgenden Elementen: Ressourcenanalyse und Kompetenzanalyse. Es wird also nicht nur das Markenimage (outside-in), sondern auch die innerhalb des Unternehmens vorhandene Markenidentität (inside-out) zur Positionierung herangezogen. Das Ergebnis der Verdichtung der Komponenten der Markenidentität ist der Markenkern oder das Markennutzenversprechen.

Die Markenidentität muss entsprechend ihren Werten zur Entfaltung gebracht werden. Das funktioniert natürlich nur, wenn sie das innerhalb der Netzwerke, in denen sie sich bewegt, auch kann. Bei der Positionierung ist es entscheidend, dass im Wertespektrum alle relevanten Stakeholder integriert werden. Bei der Entwicklung von Kernkompetenzen, Tätigkeitsfeldern und Leistungsportfolios muss ein Werte-Match zustande kommen. Nur wenn die Leistung eines Unternehmens auch den Werten der Marke entspricht, ist Authentizität gewährleistet und nur so kann die Marke auch als sinnstiftend wahrgenommen werden.

Ziel der Positionierung ist die Alleinstellung des Unternehmens. Alleinstellung erreicht man nicht durch ein bestimmtes Produkt, besondere Qualität oder exklusiven Kundenservice. Jedes Produkt ist im Grund imitierbar. Eine Haltung, eigene Werte und der ganz persönliche Antrieb, ein Unternehmen zu führen und eine Leistung zu erbringen, kann man nicht kopieren.

▶   **Sinnstiftung macht einzigartig. Sinnstiftende Marken genießen Alleinstellung.**

Die Positionierung einer sinnstiftenden Marke ist ein kontinuierlicher Prozess und nicht eher abgeschlossen, bevor Alleinstellung aufgrund der eigenen Werte erreicht ist. Aber auch darüber hinaus bleibt die Marke offen für Veränderungen und entwickelt sich permanent weiter.

Konzentrieren Sie sich bei der Positionierung Ihrer Marke auf folgende Aspekte:

• Kernkompetenz (aus Innen- und Außensicht)
• Tätigkeitsfelder und Leistungen
• Werte und Visionen

Machen Sie sich bei der Positionierung Ihrer Marke klar, dass Ihre Zielgruppe aus Menschen besteht, denen gar nichts anderes übrig bleibt als die zigtausend Werbebotschaften, mit denen sie jährlich konfrontiert werden durch Reduzieren, Filtern und Selektieren, einigermaßen im Überblick zu behalten. Menschen filtern die Signale aus der Informationsflut heraus, die ihnen einen emotionalen oder rationalen Mehrwert bieten. Der Kauf eines bestimmten Produktes oder die Zusammenarbeit mit einem Unternehmen muss einfach Sinn ergeben. Hier ist es wichtig zu fokussieren: Je klarer die Positionierung, desto erkennbarer ist der Sinn, den die Marke stiftet. Um es mit den Worten Domizlaffs zu formulieren: „Sichern Sie Ihrer Marke die Monopolstellung in der Psyche der Verbraucher."

Die Qualität einer Markenpositionierung kann an folgenden vier Kriterien überprüft werden:

1. **Originalität:** Die Markenwerte müssen dem Unternehmen entspringen und eine Eigenheit der Marke darstellen. Werte wie Innovation oder Qualität sind generisch und unternehmerische Grundvoraussetzung. Sie tragen nicht zur Differenzierung eines Unternehmens bei.
2. **Relevanz:** Nur wenn die Marke auch wirklich die Bedürfnisse ihrer Stakeholder erkannt hat und diese nutzt, wird sie auch als relevant wahrgenommen.
3. **Konzentration:** Die Marke hilft dem Menschen durch Orientierung und Reduktion von Informationen. Durch sie soll er ohne sich weiter stark mit ihr auseinandersetzen zu müssen, etwa indem er sich zusätzliche Informationen beschafft oder im Detail vergleichen muss, schneller entscheiden können.
4. **Authentizität:** Markenkern und Markenwerte müssen den größtmöglichen Deckungsgrad zwischen Unternehmensidentität und Kommunikation erreichen. Der Anspruch und das Versprechen, die eine Marke kommunizieren, müssen auch tatsächlich erfüllt werden können.

Gemeinsame Werte von Unternehmen und Stakeholdern identifizieren Menschen mit übereinstimmenden Wertesystemen vertrauen einander eher. Gemeinsame Werte stiften Identität und Zusammengehörigkeitsgefühl. Sie sind der Kitt, der den VW-Golf-Club zusammenhält, könnte man es etwas platt ausdrücken. Es ist daher sinnvoll, Marken wertebasiert zu positionieren. Dabei muss die Marke bzw. das Unternehmen nicht nur vermitteln, dass es nach den gleichen Werten handelt und dem gleichen Antrieb folgt wie seine Zielgruppe. Dies muss auch den Tatsachen entsprechen. Dafür müssen Marken Werte zugeordnet werden, die sowohl im Unternehmen als auch im Wertesystem der Zielgruppen vorhanden und für beide relevant sind.

Wenn also Kunden sinnvoll konsumieren und Mitarbeiter einer sinnvollen Tätigkeit nachgehen möchten und ein Unternehmen diesem Bedürfnis entsprechen möchte, muss es selbst hinterfragen, was der Antrieb des eigenen Handelns ist und welchen Sinn und Nutzen es mit seiner Leistung stiften möchte. Diese Frage gilt es zunächst zu klären.

Die Antwort darauf ist mit den Analyseergebnissen der Kunden- und Mitarbeiterbefragungen aus der Analysephase abzugleichen, um Schnittstellen zu finden. Ob Sie die identifizierten Werte dann als Markendonut, Markenpyramide oder Markendiamant darstellen, spielt keine Rolle. Positionierung und auch die spätere Darstellung müssen nicht irgendwelchen Richtlinien und Handbüchern gerecht werden, sondern zu Ihrem Unternehmen passen und pragmatisch sein. Wichtig ist allein, dass sie relevant, authentisch, originär und fokussiert sind, und dass sie sich im Unternehmensalltag verankern und anwenden lassen.

Neben der Festlegung von IST-Werten ist auch die Definition einer SOLL-Positionierung wichtig, schließlich wollen Sie wissen, wo Ihre Marke etwa in fünf Jahren stehen soll. Hierzu eignen sich diverse, teils aus dem Change Management kommende, Methoden. Um zu vermeiden, dass man mit solchen Methoden nicht weiterkommt, sollte man sie immer auf die Anwendbarkeit in der jeweiligen Situation überprüfen. Nicht jede Methode passt zu jedem Unternehmen oder zu jeder Marke. Darüber hinaus sollte die Positionierung nicht lehrbuchhaft ablaufen, eine allzu schematische Abarbeitung kann eher einengend wirken, als dass sie zu brauchbaren Ergebnissen führt. Es sollte also gelten: Nicht die Methode als solche steht im Vordergrund, sondern das Ziel.

Dennoch möchte ich an dieser Stelle drei Methoden vorstellen, die im Rahmen eines Workshops zur Soll-Positionierung der Marke, angewendet werden können.

1. **Retropolation**: Durch Retropolation setzen sich die Workshop-Teilnehmer mit sinnvollen strategischen Optionen auseinander. Es handelt sich hierbei um einen Blick auf die Gegenwart aus

der Sicht der Zukunft. So beschreiben die Teilnehmer, wie ihre Marke in fünf oder zehn Jahren sein wird und welche Faktoren und Maßnahmen dazu geführt haben, dass das Unternehmen in dieser fiktiven Zukunft so da steht, wie sie es sich vorstellen. Es handelt sich hierbei quasi um einen Rückblick auf den Weg, den das Unternehmen in den letzten fünf bis zehn Jahren gegangen ist. Jeder Workshop-Teilnehmer bringt mit seinem Rückblick weitere Perspektiven und Anregungen für die anderen Teilnehmer ein, sodass man sich während der Übung einer möglichen Erfolgsstrategie zur Wunsch-Positionierung der Marke annähert.

2. **Ziel-Beurteilung:** Die Ziel-Beurteilung bzw. das Ziel-Assessment hat zur Aufgabe Unternehmensziele transparent zu machen, um zu verhindern, dass unterschiedliche nicht geklärte Zielvorstellungen im Team vorhanden sind. Häufig können in der Unternehmenspraxis Ziele nicht klar ausformuliert werden und es besteht keine allgemeine Zielvorstellung, sondern wenn überhaupt unausgesprochener Konsens. In der Ziel-Beurteilung werden Ziele nicht einfach in Worten ausgedrückt, sondern in Zielparametern inklusive ihrer Gewichtung, Priorisierung, dem bereits erreichen Grad der Erfüllung und den Abhängigkeiten, in denen die Zielparameter stehen. In einem Wirknetz werden die Ziele zueinander in Relation gesetzt, sodass etwa drei bis sechs relevante Ziele herausgefiltert werden können. Erst wenn ausdrücklich Klarheit über die Ziele besteht und kein Raum mehr für unausgesprochene Interpretationen vorhanden ist, kann die Soll-Positionierung der Marke in Angriff genommen werden.

3. **Paradoxe Intervention:** Bei der Paradoxen Intervention sollen die Workshop-Teilnehmer statt des gewünschten Zustandes der Marke genau das Gegenteil erarbeiten, nämlich wie sie den ungewünschten Status quo aufrecht erhalten können. Die Frage, die sie also zu beantworten haben ist: Was müssen wir tun, damit alles in Zukunft genau so bleibt, wie es jetzt ist? Das kann man noch steigern, indem man fragt, was zu tun wäre, um den Zustand der Marke/des Unternehmens noch zu verschlechtern. Dieser

Gedanke kommt aus der Systemtheorie. Wenn störende oder nicht eigentlich zum gewünschten Ziel führende Verhaltensweisen klar identifiziert wurden, können Störungen thematisiert werden, ohne dass einzelne Personen angegriffen werden. Dabei wird spielerisch ein Lernprozess gefördert und die einzelnen Teilnehmer werden sich ihrer Rolle in Bezug auf die Marke bewusst. Sie trainieren die Fähigkeit, ihr eigenes Verhalten und das der anderen differenzierter wahrzunehmen und zu reflektieren.

Bei der Positionierung Ihrer Marke sollten Sie stets ein Augenmerk darauf legen, ob die Werte, die Sie erarbeitet haben, Sie auch wirklich von Ihrem Wettbewerb differenzieren. Natürlich müssen diese Werte authentisch sein, aber hinterfragen Sie auch, ob es sich dabei um Hygienefaktoren, die quasi von Ihren Zielgruppen als standardmäßig vorausgesetzt werden oder ob es sich um Faktoren handelt, die Begeisterung hervorrufen und im besten Fall eine Gänsehaut erzeugen. Fragen Sie sich daher, ob das, was Sie herausgearbeitet haben, für die Stakeholder des Unternehmens relevant ist.

Der sichere und wissenschaftlichen Ansprüchen genügende Weg hierzu ist die Regressionsanalyse, welche die Abhängigkeiten der Markentreiber aus der Sichtweise der Stakeholder verdeutlicht.

2.4 Interne Verankerung: Marke (er)lebbar machen

Nicht nur Märkte, auch Arbeitsbedingungen ändern sich. Eine neue Generation drängt auf den Arbeitsmarkt und stellt Ansprüche. Selbstbestimmtes, flexibles Arbeiten und Unternehmenskultur bedeuten der so genannten Generation Y mehr als Aufstieg, Geld und Status. Es ist eine Generation, die vor allem eins tut. Sie hinterfragt den Status Quo. Reinhard K. Sprenger hat bereits 1991 in seinem Buch „Mythos Motivation" beschrieben, dass pekuniäre Anreize oder anderweitige Belohnungen Mitarbeiter nicht wirklich motivieren können. Er beschreibt sogar, wie sie das Gegenteil wünschenswerten Handelns bewirken können. „Wir wissen aus der Verhaltensforschung, dass die Erhöhung des Reizniveaus (Motivation von außen) das Absinken des Eigenantriebs (Motivation von innen) nach sich zieht. Schon bald wird ohne zusätzliche extrinsische Gratifikation keine Handlung mehr ausgeführt." (Sprenger 1999). Durch den Wertewandel in der Arbeitswelt, der mit dem Berufseinstieg der Generation Y und nachfolgender Generationen einhergeht, wird diese Tatsache weiter verstärkt werden.

Unternehmen, die auch in Zukunft erfolgreich sein wollen, müssen sich auf diese neuen Bedingungen einstellen. Der jetzt schon herrschende Fachkräftemangel verschärft die Situation zusätzlich.

Deshalb: Heute und in Zukunft ist die interne Verankerung von Werten wichtiger denn je.

Dominic Veken schreibt in seiner Philosophie des Planning, ein guter Planner sei ein Archäologe, Visionär und Missionar zugleich (Veken 2011). Das Bild des Missionars passt recht gut, denn gerade in der Verankerung von Markenwerten im Unternehmen ist sehr viel Aufklärungs- und Überzeugungsarbeit gefragt. Was den Markenmanager vom Missionar unterscheidet, ist dass er bereits im Unternehmen vorhandene Werte implementiert und nicht ein komplett neues Wertesystem. Es geht hierbei viel mehr um die Bewusstmachung von Werten und Anleitung zur Umsetzung im Tagesgeschäft.

Checkliste zur Beurteilung des Markenprozesses vor der Verankerung
- Haben Sie bei Prozessbeginn ausführlich den Status quo von Selbst- und Fremdbild Ihrer Marke analysiert?
- Haben Sie die Erfolgstreiber Ihrer Marke aufdecken können?
- Ist der Markenprozess auf alle Stakeholder Ihres Unternehmens ausgerichtet?
- Ist die Identität tatsächlich authentisch? Passt sie zu Ihnen? Ergibt sie Sinn für alle Stakeholder?
- Sind Ihre Markenwerte für Ihre Stakeholder relevant?

- Wird Ihre Positionierung von allen Mitarbeitern verstanden?
- Können Sie Beispiele nennen, in denen die Markenpositionierung Ihr Tagesgeschäft positiv beeinflusst?
- Erkennen Ihre Stakeholder den Anspruch, den Ihr Unternehmen an das eigene Handeln stellt?
- Können Sie konkret den Nutzen nennen, den Ihr Unternehmen der Gesellschaft bringt?

Warum ist es so wichtig, die Markenpositionierung im Unternehmen zu verankern? Holger J. Schmidt schreibt dazu: „Der Wunsch nach Authentizität und fester Bindung steht zwar im Gegensatz zu Entwicklungen wie der zunehmenden Mobilitätsbereitschaft vieler Arbeitskräfte oder der in der westlichen Welt beobachtbaren Angleichung der Kulturen, doch Untersuchungen zeigen auch, dass traditionelle Werte wie Heimat, Familie oder Treue wieder an Popularität gewinnen" (Schmidt 2010). In Bezug auf berufliche Tätigkeit heißt das, Mitarbeiter wollen wissen, welche Ziele ihr Arbeitgeber verfolgt und welche Rolle sie in dieser Strategie spielen. Kurz gesagt: Sie wollen einen tieferen Sinn in ihrer Tätigkeit erkennen.

▷   Für Ihr Unternehmen sollten Sie erkennen, dass (insbesondere im B-to-B) nicht Logos, Claims, Werbung oder Imagebroschüren, sondern Ihre Mitarbeiter die Repräsentanten Ihrer Marke sind.

Zwar können durch Markenkommunikation Orientierung und Vertrauen geschaffen werden. Jedoch sollten nur solche Erwartungen aufgebaut werden, die sich auch mit der späteren Erfahrung der Stakeholder, seien das Kunden oder potenzielle Mitarbeiter, decken. Decken sich Erwartung und Erfahrung nicht, wird die Marke früher oder später schwammig und instabil. Aber markenkonformes

Handeln kann nur entstehen, wenn dem Mitarbeiter entsprechendes Wissen um die Markenwerte vermittelt und er angeleitet wird, dieses Wissen auch pragmatisch einsetzen zu können. Daher sollten Mitarbeiter aus unterschiedlichen Unternehmensbereichen schon sehr früh in die Markenentwicklung miteinbezogen und zu Markenbotschaftern nach innen und außen gemacht werden. Die interne Verankerung umfasst alle in den Markenprozess integrierten Maßnahmen und Konzepte zur Implementierung der Markenwerte nach innen.

Ziel der Markenführung muss es sein, dass die durch Kommunikation erlebte Markenidentität der von den Mitarbeitern vermittelten Markenidentität entspricht.

Mögliche Maßnahmen zur internen Markenverankerung

1. **Storytelling:** Erzählungen gehören zu den ältesten Kulturtechniken, die die Menschheit nutzt, um Wissen von Generation zu Generation zu tradieren. Geschichten stiften Identität.

   Die Wirkungskraft der Geschichten lässt sich auch auf Unternehmen übertragen. Denn jeder Mensch hört gerne Geschichten und wird aufmerksam, um deren Einzelheiten aufnehmen zu können. In Geschichten wurden schon so manche Mythen über die Gründungszeit von Unternehmen geschaffen. Herausragendes Beispiel ist hier etwa Apple, das angeblich von Steve Jobs und seinem Partner in der Garage von Jobs Eltern gegründet wurde.

   In Unternehmen können Wissen, aber auch markenkonformes Handeln durch Geschichten vermittelt werden. So wie gesamtgesellschaftlich gesehen, die Kultur unseren Erzählungsschatz beeinflusst, prägen Unternehmenskultur und im Unternehmen erzählte Geschichten sich gegenseitig.

   Eine Möglichkeit, das Storytelling, also das Erzählen von Geschichten, strategisch zu nutzen, ist die Methode der Story Construction. Hierbei werden wahre und erfundene Geschichten im Unternehmen in Umlauf gebracht, die einen positiven Wandel der Unternehmenskultur bewirken sollen.

Lassen Sie Ihre Mitarbeiter sich gegenseitig Geschichten erzählen. Fragen Sie gezielt nach Geschichten aus der Unternehmensvergangenheit, in denen dem Mitarbeiter etwas besonders gut gelungen ist und warum dies so war. Indem sich die Mitarbeiter ihre Erfolgsstorys erzählen, decken Sie die Erfolgsmuster Ihres Unternehmens auf. Diese können Sie mit den definierten Markenwerten abgleichen. Haben Sie beispielsweise den Markenwert *menschlich* herausgearbeitet, dann fragen Sie gezielt nach Geschichten, in denen die Mitarbeiter eine Situation besonders gut gemeistert haben, weil sie sich in diesem Moment sehr menschlich verhalten haben. So machen Sie die Markenwerte für Ihre Mitarbeiter greif- und anwendbar.

2. **World-Café:** Das World-Café nutzt kollektiv vorhandenes Wissen. Die Teilnehmer sollen miteinander in ein konstruktives Gespräch gebracht werden zu Themen, die für sie relevant sind. Dabei lässt man möglichst viele Beteiligte zu Wort kommen und ermöglicht ihnen Mitwirkung und Engagement. So werden Selbstentwicklung und -steuerung und -organisation gefördert. Die Gespräche sollen in entspannter Atmosphäre stattfinden gemeinsames Wissen und den Leistungsvorteil der Gruppe sichtbar machen, um neue Perspektiven, Denkweisen und Handlungsoptionen zu entwickeln. Die Dauer des World-Café liegt bei etwa 45 min bis drei Stunden.

Die Teilnehmenden sitzen hierbei in einem Raum verteilt an Tischen mit vier bis acht Personen. Die Tische sind mit weißen, beschreibbaren Papiertischdecken und Stiften belegt. Pro Tisch führt ein Moderator als Gastgeber zu Beginn in die Arbeitsweise ein, erläutert den Ablauf und weist auf die Verhaltensregeln hin. Im Verlauf werden zwei bis drei unterschiedliche Fragestellungen in aufeinander folgenden Gesprächsrunden von 15 bis 30 min an allen Tischen bearbeitet. Zwischen den Gesprächsrunden mischen sich die Gruppen neu. Nur die Moderatoren bleiben die ganze Zeit über an einem Tisch und begrüßen neue Gäste, resümieren kurz das vorhergehende Gespräch und bringen die Diskussion erneut in Gang. Abgeschlossen wird das World-Café mit einer Reflexionsphase ab.

3. **Markenhandbuch**: Das Markenhandbuch ist nicht mit einem Corporate-Design-Manual zu verwechseln. Zunächst sollten im Markenhandbuch noch einmal der Markenkern und die Markenwerte erklärt werden. Den Mitarbeitern sollte durch die Lektüre ersichtlich werden, welche Ziele und Visionen das Unternehmen verfolgt, wie er sich in Bezug auf deren Erreichung miteinbringen kann und welchen Nutzen und Sinn das Unternehmen und dadurch auch er durch seine Tätigkeit stiftet. Darüber hinaus muss ein solches Buch aufzeigen, wie diese Werte in konkretes Handeln umgesetzt werden können. Es können dort Richtlinien zur internen und externen Kommunikation, Beispiele etc. für die wichtigsten Touchpoints aufgeführt werden. Außerdem sollte die Unternehmensführung hier Position beziehen, um die Relevanz des Themas Marke zu betonen und zu demonstrieren, dass sie hinter der Marke steht. Wäre dies nicht der Fall, könnte man kaum von den Mitarbeitern erwarten, markenkonform zu handeln.

4. **Markentraining**: Auf mehreren großen Info-Stelen wird den Mitarbeitern anschaulich erklärt, was eine Marke ist, wo die Markenwerte des eigenen Unternehmens herrühren, und welche Bedeutung sie für das Unternehmen und die tägliche Arbeit haben. Neben dem Informationscharakter hat jede dieser Stelen auch einen spielerischen Teil: die Mitarbeiter können anhand von Fragen zur Marke, zu den Werten und zur Strategie selbst überprüfen, wie weit die Werte für die eigene Arbeit wichtig sind, und ob sie bereits einen Beitrag zur Stärkung der Marke leisten. Das Markentraining muss nicht exklusiv für eine Veranstaltung genutzt werden, sondern kann als mobile Installation im Unternehmen ausgestellt werden.

Über diese vier Maßnahmen hinaus haben sich viele weitere Methoden zur internen Verankerung von Markenwerten bewährt. Wichtig bei der Wahl der Maßnahme ist, dass sie zum Unternehmen passt und von den Mitarbeitern angenommen wird.

Wenn alle Mitarbeiter die neue Positionierung verstehen, sich bewusst machen können, was ihr Handeln antreibt und die gemeinsamen Werte für sie operationalisierbar gemacht wurden, dann sind Sie mit Ihrem Unternehmen auf dem besten Weg, eine sinnstiftende Marke zu werden.

2.5   Die 5 Prinzipien sinnstiftender Marken

In der Summe lassen sich fünf Prinzipien identifizieren, die eine Marke zu einer sinnstiftenden Marken werden lassen.

1. Die Marke leistet einen gesellschaftlichen Beitrag

Die symbolische Funktion, die Marken bislang erfüllt haben, indem sie Prestige und Gruppenzugehörigkeit vermittelten, weicht der Funktion der Sinnstiftung. Konkret heißt das, Marken sind für sowohl Konsumenten als auch Mitarbeiter nicht mehr nur Ausdruck von Status, sondern vermitteln realen Nutzen. Dieser Nutzen manifestiert sich in dem gesellschaftlichen Beitrag, den das Unternehmen durch seine Kernleistung erbringt. An der Erbringung dieses Nutzens sind Konsumenten wie Mitarbeiter beteiligt, indem sie das Unternehmen mit ihrem Kauf unterstützen bzw. ihren Teil in Form ihrer Arbeitskraft und Fachexpertise beisteuern.

Der Beitrag den sinnstiftende Marken zur Entwicklung und Verbesserung gesellschaftlicher Belange leisten, ist nicht Teil einer Corporate Social Responsibility-Strategie, sondern entsteht durch ihre Kernleistung. Das was, das Unternehmen tut, um Gewinne zu erzielen ist gleichzeitig sein Beitrag zur Verbesserung.

Sinnstiftende Unternehmen erkennen, dass ihre eigene Entwicklung unmittelbar mit der gesamtgesellschaftlichen Entwicklung verwoben ist und betrachten sich nicht unabhängig von der Gesellschaft.

2. **Die Marke ist Ergebnis und nicht Strategie**
Eine Marke wird keineswegs im Marketing „gemacht". Man kann Marken überhaupt nicht machen. Wenn, dann kann man Marke sein. Unternehmen, die Marke sein wollen, müssen sich ihrer Erfolgsfaktoren bewusst sein und wissen, wofür sie stehen und was den Unterschied bei ihnen ausmacht. In den meisten Fällen werden Markenstrategien mit Blick auf die Kommunikation entwickelt. Ein ganzheitlicher Ansatz hängt aber vom unternehmerischen Anspruch ab. Je mehr dieser Anspruch auf Nutzen und Sinnstiftung beruht, desto wahrscheinlicher ist eine erfolgreiche Markenbildung in den Zielgruppen.

3. **Die Marke wirkt von innen nach außen**
Sinnstiftende Marken wachsen nur von innen nach außen. Sie basieren nicht auf Kommunikation oder Image, sondern entwickeln ihr Markenversprechen aus ihrer Identität und den Faktoren, die das Unternehmen zum Handeln antreibt. Sinnstiftende Marken spiegeln sich in allen unternehmerischen Bereichen: in der Führung, der Unternehmenskultur, den Touchpoints zu den Kunden und der internen wie externen Kommunikation wider. Der innere Anspruch bewirkt nachhaltige Veränderung im Unternehmen. Die Anschauung, nach der ein Unternehmen geführt wird, prägt Führungsentscheidungen und beeinflusst Unternehmenskultur, Prozesse und Mitarbeiterverhalten. So vermittelte Werte werden gelebt und sind bei jedem Kontakt mit dem Unternehmen spürbar.

4. **Die Marke ist offen für den Wandel**
So wie die Gesellschaft insgesamt sich verändert unterliegen auch Märkte und Unternehmen dem Wandel. Eine sinnstiftende Marke wird mit dem Bewusstsein geführt, dass das Denken von heute morgen vielleicht nicht mehr gilt. Unternehmen, die nachhaltig geführt werden und sich weiterentwickeln, prüfen die Aktualität

nicht nur ihrer Aussagen, sondern auch ihres unternehmerischen Anspruchs. Sie sind sich der Veränderung in allen für sie relevanten Bereiche bewusst.

5. **Die Marke wird bereichsübergreifend geführt**
Wird Marke verordnet, ist das Projekt zum Scheitern verurteilt. Marke darf nie Projekt einzelner Abteilungen sein, sondern die Bewusstmachung der Stärken und der Differenzierungsmerkmale durch die Führung. Die Positionierung muss in allen Unternehmensbereichen verstanden und erlebbar gemacht werden.

2.6 Wandel heißt Veränderung: Der Umgang mit Widerständen

Über das Thema Change Management gibt es mittlerweile eine Masse an Fachliteratur. Daher möchte ich auch nur kurz darauf eingehen, wie man mit Widerständen im Positionierungs- bzw. Implementierungsprozess umgehen kann.

Zunächst einmal bedeuten Widerstände an sich nichts Negatives. Ein Markenprozess ist immer auch ein Veränderungsprozess und Menschen haben oftmals Angst vor Veränderung. Das Neue, vielleicht Fremde wirkt bedrohlich. Spüren Sie Widerstände bei der Verankerung von Markenwerten im Unternehmen, heißt das in erster Linie, dass sich Ihre Mitarbeiter mit der neuen Situation und den Veränderungen, die sie mit sich bringt, beschäftigen. Also sollten Sie nicht nur fest mit Widerstand rechnen, sondern gar ein Stück weit darauf hoffen. Problematisch wird Widerstand erst, wenn Führungskräfte zu wenig oder mit der falschen Grundhaltung kommunizieren. Es ist wichtig, in den Dialog mit den Mitarbeitern zu gehen. Der Leadership-Experte Alexander Groth definiert den Begriff Change Leadership als „Fähigkeit, den Umgang mit vorhersehbaren kollektiven Emotionen zu planen und konstruktiv mit nicht vorhersehbaren

individuellen Emotionen der Mitarbeiter und dem Verhalten um-
zugehen, das durch diese Emotionen ausgelöst wird" (Groth 2011).
Wie zeigt sich Widerstand bei den Mitarbeitern?

- Es geht nichts voran.
- Es wird vermeintlich nichts verstanden.
- Es wird nichts gesagt.
- Es wird von vornherein kritisiert.
- Es wird sabotiert.

Ein Grund für Widerstand ist, dass Ihre Mitarbeiter umlernen und
ihre Komfortzone verlassen müssen. Das bedeutet erst einmal ein
Gefühl der Unsicherheit. Der Ausspruch: „Das haben wir immer
schon so gemacht" beschreibt, welche Stufe der Kompetenz Ihre
Mitarbeiter bereits erreicht haben. Albert Bandura entwickelte ein
Modell, das die Aneignung von Fähigkeiten und Eigenschaften in
einem vierstufigen Prozess beschreibt:

1. unbewusste Inkompetenz
2. bewusste Inkompetenz
3. bewusste Kompetenz
4. unbewusste Kompetenz

Bei der bewussten Kompetenz ist es wie beim Autofahren nach mehreren Jahren. Während man als Fahranfänger noch jede Tätigkeit bewusst und mit Bedacht ausführen musste, sind Schalten, Gas geben
und Bremsen nach Jahren zu automatisierten Handlungen geworden,
über die man nicht mehr nachdenkt. Ähnlich ist es mit Handlungen,
die Mitarbeiter über Jahre in einem Unternehmen nach einem ganz
bestimmten Schema ausführen. Leider gibt es eine Reihe Reaktionen, die hier absolut nicht weiterhelfen, aber bei Führungskräften
nicht selten sind. Zum Beispiel der Versuch Widerstände durch den
Einsatz von Macht zu brechen, allein an den Verstand der Mitarbei-

ter zu appellieren, Manipulation, Ignorieren oder Nachgeben. Durch solche Reaktionen bewirkt man nur eins: Noch mehr Widerstand.

Wie aber geht man nun richtig mit Widerstand um? Zunächst einmal sollten Sie zuhören – aktiv zuhören. Wo liegen die Bedenken und Ängste wirklich? Spiegeln Sie Ihren Mitarbeiter, fragen Sie nach. Führen Sie lösungsorientierte Gespräche. Machen Sie sich selbst klar, dass der Widerstand eigentlich nicht unmittelbar mit der Veränderung, also der Verankerung der Markenwerte, zu tun hat, sondern mit Vorerfahrungen und damit, dass uns Vertrautes immer als besser und sicherer erscheint. Sorgen Sie daher für kurzfristige und sichtbare Erfolge und binden Sie Ihre Mitarbeiter wo immer möglich mit ein.

2.7 Sinnstiftung und Werte: Experteninterview mit Prof. Dr. Andrea Honal

Prof. Dr. Andrea Honal ist Professorin an der Dualen Hochschule Baden Württemberg in Mannheim. Ihr Schwerpunkt ist Marketing und Handel. Darüber hinaus ist sie Leiterin des Steinbeis Transfer-Zentrums-Institut für Marketing, Media und Management, das Unternehmen ganzheitliche Unterstützung und systemische Beratung anbietet. Ich habe mit ihr über Sinnstiftung und Werte in der Markenpositionierung gesprochen.

Frau Dr. Honal, der Ruf nach Sinn und Werten wird immer lauter. Sowohl bei Kunden als auch Mitarbeitern von Unternehmen. Wie wichtig sind Werte in der Markenführung und wie kann eine Marke Sinn stiften?
Markenwerte spielen aktuell sowohl für Mitarbeiter als auch für Kunden eine sehr wichtige Rolle. Marken, wie u. a. Apple, Mini, Coca-Cola oder Harley Davidson, erzeugen bei den Konsumenten einen emotionalen Mehrwert, der für die Unternehmen kapitalisierbar ist. Das Schaffen starker Marken durch eine klare

Markenidentität, die es gilt, im Rahmen einer konsistenten Markenpositionierung durch den Marketing-Mix umzusetzen, stellt für Unternehmen eine zentrale Kernaufgabe im Rahmen des Brand-Managements dar. Unzählige Marken stehen heute für Innovation, Qualität und Kundenorientierung. Dies reicht aber alleine nicht aus, um erfolgreich zu sein. Für das Brand-Management ist es essenziell, dass Marken über Alleinstellungsmerkmale verfügen, die dafür sorgen, dass Kunden „Kurs" auf die Marke nehmen. Deshalb sollten Marken keine abstrakten und unspezifischen Standard-Markenwerte aufweisen, die einfach austauschbar sind. Vielmehr sollten Markenwerte bedeutungsvoll, inspirierend, für die Zielgruppe relevant sein und eine Differenzierung gegenüber den Wettbewerbern ermöglichen. So steht die Marke Harley Davidson für „Freiheit, Abenteuer und den American Way of Life" – Werte, mit denen sich sowohl die Kunden als auch die Mitarbeiter klar identifizieren und die von keiner anderen Motorradmarke kopiert werden können. Darüber hinaus zahlen starke Marken mit klaren und einprägsamen Werte auch auf das Employer Branding ein. So weist die Marke 3M, die für starke Innovationskraft und kreativen Erfindergeist steht, ein hohes Mitarbeitercommitment auf. Die Personalfluktuationsquote von 3M in Deutschland liegt aktuell bei rund 0,4 % – eine verschwindend geringe Quote im Vergleich zu anderen Unternehmen. Nur Marken, die Sinn stiften und eine klare Positionierung besitzen, werden langfristig wirklich erfolgreich sein. Nicht umsonst wird der Anteil der Marke am Gesamtunternehmenswert von Experten auf rund 50 % geschätzt.

Wie lassen sich Werte glaubhaft mit Leben füllen?

Hier müssen Brand-Manager eine klare Verantwortung übernehmen. Es muss darüber nachgedacht werden, wie die Marke glaubhaft und verantwortlich positioniert und in welcher Form dies erlebbar gemacht werden kann. Nur ein verantwortungsvolles, markenkonformes Verhalten und Engagement sichert langfristig auch die Glaubwürdigkeit. Es ist wichtig, dass eine Marke glaubhafte Versprechen abgibt und diese auch einlöst – sonst leidet die

Reputation der Marke und die Kunden quittieren dies mit dem Nichtkauf. Es reicht nicht aus, nur aus PR-Gründen Gutes zu tun, sondern das Management sollte entlang der gesamten Wertschöpfungskette und im gesamten Unternehmen verantwortlich handeln und dies auch nach innen und außen kommunizieren. Dies ist jedoch nur bei wenigen Unternehmen – wie der DM-Drogerie – der Fall.

Welche Rolle für den Erfolg eines Unternehmens spielt aus Ihrer Sicht die Unternehmenskultur?

Die Unternehmenskultur spielt eine wichtige Rolle für den Unternehmenserfolg. Neben der strategischen und operativen Perspektive sollte das Management immer auch die normative Ebene berücksichtigen, die über den anderen beiden Ebene sozusagen „schwebt". Firmen sehen sich einem zunehmend starken Innovations- und Wettbewerbsdruck ausgesetzt. Nur diejenigen Unternehmen, welche einen echten Wissensvorsprung haben und dies in exzellente Produkte und Services umsetzen können, werden langfristig am Markt erfolgreich sein. Deshalb versuchen viele Firmen eine Unternehmenskultur zu schaffen, die die Generierung von Wissen und Ideen fördert. Dies gilt umso mehr, wenn größere Veränderungen im Unternehmen anstehen. Neuere Studienergebnisse belegen eindrucksvoll, dass kulturelle Werte in direkter Verbindung zum unternehmerischen Erfolg stehen. Darüber hinaus unterscheidet sich das kulturelle Profil erfolgreicher Unternehmen signifikant von dem erfolgloser Unternehmen. Wie aktuelle Forschungsprojekte belegen, steht der Unternehmenserfolg in einem engen Zusammenhang zu weichen Faktoren wie Toleranz, Respekt und der Wertschätzung der Mitarbeiter. In erfolgreichen Firmen sind die Mitarbeiter in der Regel motivierter, zufriedener und leistungsstärker, wenn ihre persönlichen Grenzen respektiert und ihre Gesundheit gefördert wird, wie dies bei 3M oder Lexmark der Fall ist. Im Unterschied hierzu ist die Unternehmenskultur wenig erfolgreicher Unternehmen oft durch eine eher strikte

Führung, stark routinierte Arbeitsprozesse und große Ungleich-
heiten zwischen den Mitarbeitern gekennzeichnet.

**Was muss ein Unternehmen bei der Positionierung seiner Marke
berücksichtigen, um als sinnstiftend wahrgenommen zu werden?**

Für die Etablierung einer erfolgreichen Brand mit klaren, sinnstiftenden Markenwerten sollte ein Unternehmen auf eine identitätsbasierten Markenführung setzen, der die Planung, Koordination
und Kontrolle sämtlicher Maßnahmen zum Aufbau einer starken
Marke bei der relevanten Zielgruppe umfasst. Dabei ist es wichtig,
dass sich die Brand-Manager auf wenige, relevante Werte fokussieren und diese nach innen sowie nach außen kommunizieren.
Nur wenn die Marke auch im Unternehmen gelebt wird, kann
sie ihre volle Kraft entfalten. Dies gilt vor allem für B-to-B- und
Service-Unternehmen, da hier die Mitarbeiter die Wahrnehmung
der Unternehmensmarke stark prägen. Es ist essenziell, dass die
Belegschaft weiß, wofür eine Marke steht und sie sich mit den
Markenwerten identifiziert. Nur so können Mitarbeiter einen
wertvollen Beitrag für das Unternehmen leisten. Darüber hinaus
muss die Markenpositionierung glaubwürdig und konsistent sein,
also die gleiche Botschaft kontinuierlich über allen Kanälen an die
Kunden gesendet werden. Überzeugt die Marke ihre Kunden und
Mitarbeiter auch damit, dass sie ihre Versprechen hält und einlöst,
steht dem Markenerfolg nichts mehr im Wege.

**Wie wichtig ist es Ihrer Meinung nach für eine Marke, sich am ge-
sellschaftlichen Wandel zu orientieren? Wie kann eine Marke
sich weiterentwickeln und gleichzeitig authentisch bleiben?**

Es ist lebensnotwendig für eine Marke, sich weiter zu entwickeln
und den gesellschaftlichen Veränderungen anzupassen. Marken,
wie bspw. Maggi oder Nivea, hätten nicht überlebt, wenn sie sich
nicht verjüngt und dem aktuellen Zeitgeist angepasst hätten. Für
das Brand-Management bedeutet dies einen Spagat zwischen Kontinuität und Veränderung. Deshalb ist eine Markenstrategie nötig,
welche einerseits eine Basis für Kontinuität darstellt, andererseits

allerdings auch ausreichend Anpassungsfähigkeit an Zielgruppe und aktuelle Trends bietet. Viele Biermarken würde es heute nicht geben, wenn sie sich nicht verjüngt und ihr Angebotsspektrum an die jüngere Zielgruppe angepasst hätten. Die Beck's Brauerei schaffte dies erfolgreich mit der Einführung von Beck's Gold, indem sie den modernen Genuss von frischem, mildem Bier neu erfanden. Beck's gelang es somit, ein völlig neues Marktsegment zu definieren und dauerhaft zu halten. Obgleich viele milde „Me-too"-Produkte von anderen Brauereien diesen Trend folgten, war keiner so erfolgreich wie Beck's. Letztlich ist es wichtig, dass das Management die Markenkernwerte nie aus den Augen verliert, jedoch stets eine Neubetrachtung der Kernwerte im Fokus aktueller Entwicklungen erfolgt. Geschieht dies, bleibt eine Marke auch authentisch.

2.8   Praxisbeispiel: Markenpositionierung bei EDAG

EDAG ist ein Entwicklungsunternehmen und heute nach eigenen Angaben der weltweit größte unabhängige Engineering-Dienstleister für die Automobilindustrie. Gegründet wurde das Unternehmen 1969 im hessischen Fulda. EDAG bietet die integrierte Entwicklung von Fahrzeugen, Derivaten, Modulen und kompletten Produktionsanlagen an. Das Unternehmen ist international tätig und beschäftigt 3.745 Mitarbeiter an 32 Standorten. Zu seinen Kunden zählen unter anderen Audi, BMW, Bosch, Daimler, Honda, Miele, Opel, Porsche, ThyssenKrupp und Volkswagen.

Vor dem Markenpositionierungsprozess, den EDAG 2013 durchlaufen hat, wurde das Thema Marke nur in Corporate Identity-Richtlinien aufgegriffen und für das Corporate Design transponiert. Insbesondere gab es für die Unternehmensidentität keine konkreten Ausarbeitungen, die für die Konzeption von Führungsleitlinien oder Kommunikationsmaßnahmen genutzt werden konnten – man kom-

munizierte bisher überwiegend Leistungen, aber keinerlei Mehr-
werte. Es wurde einem dementsprechend klar, in welchen Bereichen
EDAG tätig ist, welche Leistungen das Unternehmen erbringt und
welche Kompetenzen vorhanden sind. Weniger deutlich wurde aber,
welche konkreten Werte das Unternehmen zur Erbringung genau
diese Leistungen antreibt und was EDAG von Unternehmen mit vergleichbaren Leistungen differenziert. Die Qualität der Leistung oder
die Kundenorientierung konnten hierbei kein Differenzierungs-
merkmal sein, da diese Grundvoraussetzungen für Wettbewerbs-
fähigkeit in der Branche sind. Somit wurde als übergeordnete Ziel-
setzung bestimmt, mithilfe einer Markenanalyse herauszufinden, für
welche Werte das Unternehmen steht, worin sich die Leistungen der
EDAG von denen der Wettbewerber unterscheiden und wie sie diese
kommunizieren kann, um bei Ausschreibungen bevorzugt zu werden, bei Verhandlungen ein Preispremium rechtfertigen zu können
und als attraktiver Arbeitgeber wahrgenommen zu werden.

Analyse der Erfolgsfaktoren Im ersten Schritt wurden in einer
qualitativen Analyse Kunden, Lieferanten und Mitarbeiter nach
den Erfolgsursachen der EDAG befragt. Hierbei wurde gezielt
nach Erfolgsgeschichten aus der Unternehmenshistorie gefragt und
beleuchtet, was zu dem jeweiligen Erfolg geführt hatte. In weiteren
Tiefeninterviews wurden vor allem zwei Schwerpunkte herausgearbeitet: die Motivstruktur, also was Kunden und Mitarbeiter dazu
bewegt, sich für EDAG zu entscheiden, und die mit der Marke verbundenen Assoziationen. Darüber hinaus wurde auch abgefragt,
worin die gefühlten Unterschiede zu den Wettbewerben bestehen.
Die Ergebnisse wurden zusätzlich mit der externen Kommunikation
verglichen: sowohl die Unternehmenskommunikation der Wettbewerber, als auch die der EDAG selbst wurden in Schlagwortwolken
abgebildet, um ein Gefühl dafür zu bekommen, wie weit sich die
Kommunikation von den tatsächlichen wahrgenommenen Markenwerten unterscheidet.

Für die Entwicklung der Markenstrategie war ein eigens dafür
gebildeter Steuerkreis in der Unternehmenszentrale zuständig. Beteiligt an der Markenarbeit waren alle kommunikationsentscheiden-
den Mitarbeiter: von der Geschäftsleitung, über die Entwicklung bis
hin zu Human Ressources. Der abteilungsübergreifende Steuerkreis
brachte Vorteile für die Entwicklung der Markenpositionierung, da
ganz unterschiedliche, unternehmensrelevante Perspektiven von
vornherein zusammengeführt wurden. Markenführung ist eine über
Abteilungsgrenzen hinausgehende Herausforderung, die alle Bereiche des Unternehmens betrifft und nicht in einer Abteilung, meist
das Marketing, weg delegiert werden kann.

Markenstrategie und Positionierung Um die aus der Analyse
gewonnenen Erkenntnisse in einer konkreten Positionierung mün-
den zu lassen und diese für Führung und Kommunikation nutzbar
zu machen, wurde im Steuerkreis ein Workshop durchgeführt. Dazu
wurden zuerst alle Ergebnisse der Analyse zusammengetragen und
in eine verwertbare Form gebracht. Ziel der Analyse war letztlich,
herauszufinden und zu schärfen, wofür die Marke EDAG steht, was
sie auszeichnet und worin der emotionale Mehrwert für Kunden
und Mitarbeiter besteht.

Da die Markenpositionierung auch für die Kommunikations-
arbeit praktikabel sein sollte, entschied man sich im Steuerkreis, die
Marke nicht mit einem auf Soll-Werte abgestimmten Zielmodell,
zum Beispiel einer Pyramide, sondern mit einem auf Leistungs- und
Nutzenversprechen abgestimmten Kernmodell zu visualisieren. Der
Markenkern wurde im Vorfeld aus der Unternehmensmission und
den Analyseerkenntnissen entwickelt. Was in der Analyse immer
wieder zum Vorschein kam, war der spürbare Anspruch der EDAG,
sowohl die Leistungen als Organisation, als auch die Leistungen für
den Kunden immer wieder besser machen zu wollen. Der eigentli-
che Markenkern war schnell gefunden: gemeinsame Klammer aller
Maßnahmen des Unternehmens ist immer wieder die Verbesserung
des vorherrschenden Status quo – teilweise aus ganz eigenem Antrieb

und ohne Druck von Markt oder Führung. Im nächsten Schritt wurden die aus der Analyse gewonnenen Markentreiber, also tatsächlich wahrgenommene Werte und Eigenschaften des Unternehmens mit dem Kern abgeglichen. Aus ursprünglich mehr als 30 Werten filterte der Steuerkreis in diversen Workshop-Runden die Werte aus, die einerseits den Markenkern unterstützen, also eine Verbesserung zur Folge haben, andererseits einen konkreten Nutzen für den Markt haben und darüber hinaus relevant und prägnant genug sind, um zu einer Differenzierung beizutragen. Von den ursprünglich 30 Werten blieben drei Wertepaare übrig:

1. beweglich/hungrig
2. menschlich/verantwortungsvoll
3. überzeugt/idealistisch

Das Differenzierungspotenzial der Positionierung wird umso deutlicher, wenn man die Kommunikation des Wettbewerbs der EDAG betrachtet, in deren Mittelpunkt meist leistungsbezogene Themen stehen, die nicht unternehmensspezifisch sind. Um noch einmal die Authentizität der Werte zu überprüfen und die Konkretisierung und interne Kommunikation des Modells zu vereinfachen, wurden die dem Kern zugeordneten Wertepaare im letzten Schritt mit Ereignissen und Erfolgsgeschichten aus der Unternehmenshistorie veranschaulicht. So gab es diverse Erfolgserlebnisse im Kundenkontakt, die ganz klar die Beweglichkeit und den Leistungshunger der EDAG untermauerten. Aber auch gegenwärtig treibt die Marke neue Konzepte wie Elektromobilität oder Car-Sharing aus Überzeugung und mit einer gesunden Portion Idealismus voran.

Interne Verankerung der Markenwerte Im ersten Schritt wurde für die neue Position ein Leitfaden entwickelt, in dem den Mitarbeitern aufgezeigt wird, wie die Markenwerte in die tägliche Arbeit und vor allem die Kommunikation einfließen können. Dazu wurden einerseits konkrete Beispiele zu den Markenwerten zusammengefasst, die verdeutlichen, wie sich die Werte in der Führung, aber auch in Wort und Bild ausdrücken lassen.

Im nächsten Schritt wurde im Rahmen einer eintägigen Veranstaltung den Mitarbeitern zuerst der Prozess der Markenpositionierung präsentiert. Danach fand ein Großgruppenworkshop statt, ein sogenanntes „World Café" – die knapp 150 Führungskräfte hatten die Aufgabe, im Rahmen des Workshops zu erarbeiten, wie sie selbst für die Implementierung sorgen und diese operativ nutzen können. Die Ergebnisse dieses Workshops wurden danach im Plenum diskutiert. Zusätzlich zum Workshop-Teil wurde im Rahmen dieser Veranstaltung eine „Markenwerkstatt" eingeweiht und das erste Mal genutzt. Auf mehreren, großen Info-Stelen wurde den Mitarbeitern noch einmal anschaulich erklärt, was eine Marke ist, wo die Markenwerte der EDAG herrühren, und welche Bedeutung sie für das Unternehmen und die tägliche Arbeit haben.

Im Laufe der Veranstaltung, aber auch während des gesamten Positionierungsprozesses, war immer wieder spürbar, wie sehr den einbezogenen Mitarbeitern an der Entwicklung ihrer Marke gelegen ist. Es entwickelten sich in diversen Bereichen eigene Dynamiken aus dem Unternehmen heraus, die die Marke als solche stark vorantreiben.

2.9 Warum EDAG eine sinnstiftende Marke ist

Die Kernleistung der EDAG ist die Verbesserung der Mobilität. Neben Entwicklungsdienstleistungen für diverse Automobilhersteller verwendet das Unternehmen seine Kompetenzen zur Weiterentwicklung der Mobilitätsindustrie. Konkret gesagt, EDAG nutzt seine Kernkompetenz, um einerseits Gewinne zu erzielen, aber auch um in Zukunft wettbewerbsfähig zu bleiben und Nutzen für die Gesellschaft zu generieren.

Ein Schwerpunkt dabei ist das Thema Car Sharing. EDAG hat das erste Fahrzeug speziell für den Car Sharing-Bereich entwickelt. Das

Konzept ist auf Nachhaltigkeit und Funktionalität ausgelegt. Es wird durch einen Elektromotor angetrieben und verfügt über so genannte verzeihfähige Oberflächen, die Stöße absorbieren. Der Innenraum des Fahrzeugs ist variabel und bietet sechs Personen Platz. Als Betreiber kämen schienengebundene Mobilitätsunternehmen, Fahrzeugvermieter, Städte, Parkhausbetreiber und Stadtwerke in Betracht.

Den Nutzen, den EDAG mit diesem Konzept bietet, kommt der Gesamtgesellschaft gleich mehrfach zu Gute: Verstopfte Innenstädte werden durch vermehrte Nutzung von Sharing-Fahrzeugen entlastet, Elektromotoren sind umweltfreundlicher und Nutzer werden flexibler und können Kosten sparen, wenn sie nicht auf den Besitz eines eigenen Fahrzeuges angewiesen sind.

Am Beispiel EDAG wird deutlich, dass eine sinnstiftende Marke nicht aus reinem Altruismus geführt wird. Unternehmen, die Sinn stiften, erbringen einen gesellschaftlichen Nutzen und profitieren zugleich selbst daran. Leistungen müssen sich auch wirtschaftlich tragen lassen, sonst könnte man schlecht von Nachhaltigkeit sprechen. Aber schauen wir uns EDAG doch einmal anhand der fünf bereits genannten Prinzipien für sinnstiftende Marken etwas genauer an.

1. EDAG leistet einen gesellschaftlichen Beitrag

Das ganze Mobilitätskonzept und das Statussymbol Automobil stehen an einem Wendepunkt. EDAG ist wichtiger Bestandteil der Automobil-Wertschöpfungskette als einer der wichtigsten Knowhow Lieferanten. Das Unternehmen hilft seinen Kunden (den großen OEM Marken), dass eines der menschlichsten Bedürfnisse überhaupt, nämlich Bewegung, immer ein Stück weit besser wird, ein bisschen energieschonender, ein bisschen kostengünstiger, ein bisschen effizienter bzw. sinnvoller und natürlich immer ein bisschen mehr Spaß macht.

Die Kernleistung von EDAG ist die Entwicklung und die Verbesserung von Mobilität. Statt sich ausschließlich mit dem Status quo zu befassen, arbeiten die Entwickler bei EDAG an zukunftsfähigen, nachhaltigen Mobilitätskonzepten. Bestehende Fahrzeuge werden dahingehend optimiert, dass sie energieeffizienter fahren (Leichtbau etc.). Darüber hinaus erarbeitet EDAG Lösungen für Zeiten, in denen wir nicht mehr auf erdölbasierte Kraftstoffe bauen können. So leisten die Produkte des Unternehmens einen Beitrag zur Verbesserung, indem Umweltbelastungen reduziert und nachhaltige Lösungen entwickelt werden.

2. **Die Marke EDAG ist Ergebnis nicht Strategie**
Die Markenwerte der EDAG sind das Ergebnis einer Analyse der Unternehmensidentität. Es wurden Mitarbeiter und Kunden gefragt, wofür EDAG steht und was das Unternehmen ausmacht. Dabei sind viele Erfolgsgeschichten, Ereignisse und Erlebnisse berichtet worden, die dazu beigetragen haben, dass EDAG als starke Marke wahrgenommen und geschätzt wird. Die Marke EDAG steht für extreme Beweglichkeit, für eine persönliche, wertschätzende Kultur, für den Hunger und die Lust nach Verbesserung. Man gibt sich nicht mit dem Status Quo zufrieden – weder bei der internen Entwicklung, noch bei den Lösungen für Mobilität.

3. **Die Marke EDAG wirkt von innen nach außen**
Eine in der Analyse sehr häufig genannte Eigenschaft der EDAG war Menschlichkeit. Bei EDAG müssen Mitarbeiter sich nicht verstellen. Die Mitarbeiter nehmen das, was sie tun, sehr ernst und sind begeistert und begeisternd bei der Sache. Die in der Analyse erarbeiteten Markenwerte wurden in Leitsätze übersetzt, die den Mitarbeiter dabei unterstützen, ihre tägliche Arbeit an der Marke auszurichten. Dies schließt Techniker und Ingenieure genauso mit ein wie Marketing und Unternehmenskommunikation. So tragen alle Mitarbeiter die Marke von innen nach außen. Es wäre zu einfach gewesen, die gewonnen Erkenntnisse in bunte Imagebroschüren oder auf Plakate zu drucken, auf der Website zu postulieren und an die Presse weiterzugeben. Man versteht bei EDAG Marke anders – sie wird von innen gemacht, nicht von außen aufgeklebt.

4. **EDAG ist offen für den Wandel**
EDAG reagiert nicht nur auf den Wandel, sondern forciert ihn. Die Mitarbeiter der EDAG geben sich nicht mit dem Status quo und Lösungen, die heute ausreichen, zufrieden. Bei allen Entwicklungsleistungen zählt die Verbesserung. Das schließt auch ständige Weiterentwicklung mit ein. Die Marke EDAG zeichnet Beweglichkeit aus und die Fähigkeit, sich auf immer wieder neue Herausforderungen einzustellen. Der Automobilmarkt lebt von Innovationen. Ob es um Rostschutz, optimierte Produktion, Elektromobilität oder Car-Sharing geht: Die Arbeit der EDAG beeinflusst die Zukunft des Marktes. EDAG entwickelt daher auch Dinge, die vielleicht noch nicht heute, aber schon bald wichtig sind.

5. **Die Marke wird bei EDAG bereichsübergreifend geführt**
Jeder Mitarbeiter kann sich an der Marke orientieren, da sie pragmatisch positioniert ist und der Unternehmensidentität und -kultur entspricht. Schon zu Beginn der Markenpositionierung wurden Mitarbeiter aus unterschiedlichsten Bereichen im Rahmen eines Führungskreises in den Prozess miteinbezogen. Marke wird bei EDAG nicht etwa im Marketing verortet sondern ist Leitlinie für das Handeln in allen Unternehmensbereichen.

Michael Pollner, Leiter Marketing bei EDAG sagt dazu: „In Zukunft sind nicht nur materielle, sondern gerade die immateriellen Werte essentiell. Kunden und Mitarbeiter wollen wissen, warum man der richtige Partner ist. Sich Werte und Haltung immer wieder bewusst zu machen, zu zeigen, wofür man steht, das ist heute wichtiger denn je. Und leider nicht selbstverständlich.

Wenn ich die Marke EDAG beschreiben müsste, würde ich bei unserem Anspruch ansetzen. Bewegung ist ein fortwährender Prozess. Unser Anspruch ist es, die Qualität dieses Prozesses immer wieder zu verbessern. Sich nie mit dem Status Quo zufrieden zu geben, sondern immer hungrig zu bleiben. Damit verbessern wir uns, die

Leistung für unsere Kunden und nicht zuletzt die Mobilität von Morgen. Genau diese Haltung ist das, was EDAG zur Marke macht."

2.10 Praxisbeispiel SwarmWorks: Schwarmintelligenz unternehmensintern und -extern nutzen

SwarmWorks bietet Live-Kommunikation 2.0 an. So umschreibt das
Troisdorfer Unternehmen seine Leistungen selbst. Bei seinen Veran-
staltungsformaten nutzt es die so genannte Schwarmintelligenz. Me-
thodisch setzt SwarmWorks auf Erkenntnisse der Neurowissenschaft
und der Forschung zur Kollektiven Intelligenz. Kern des Konzepts
ist, dass im Schwarm eine übergeordnete Intelligenz entsteht, welche
die eines Einzelnen übersteigt. So werden ungeplant aus der Interaktion heraus tragfähige Lösungen entwickelt. Analoges Crowdsourcing könnte man sagen. Im Unterschied zu Schwarmtieren wie
Vögeln, Fischen oder Ameisen suchen Menschen nach einem Sinn
in ihrer Tätigkeit. SwarmWorks-Geschäftsführer Heiner Kopper-
mann sagt dazu in einem Interview: „Aber wenn ich eine größere
Gruppe von Menschen, gewissermaßen den Schwarm, in eine Entscheidung einbinde und ihr Gelegenheit gebe, sich dazu zu äußern,
dann spüren die Leute: Ich bin gefragt, mein Wissen wird geschätzt.
Ich bin hier mehr als ein Soldat, der nur Befehle von oben ausführt"
(Ponath 2012). Er rät dazu, Organisationen experimentieren zu lassen, da sonst irgendwann die Kreativität sterbe. Mit dem Angebot
sinnstiftender Elemente in den Veranstaltungen aber auch intern im
Unternehmen selbst schafft SwarmWorks Identifikationspotenzial.

Ähnlich wie soziale Netzwerke Nutzer einbinden werden die Be-
sucher der Veranstaltungen eingebunden. Sie erhalten Spielräume
für aktive Beteiligung, vernetzte Interaktion und Kreativität. Dabei
kommen Echtzeit-Abstimmungen, interaktive vernetzte Erarbeitung
von Ideen, Strategien und Lösungen oder kollektive Spiele zum Einsatz. Im Internet werden Inhalte lange nicht mehr einfach konsu-
miert, sondern es wird aktiv mitgedacht und vor allem mitgemacht.

Dieser Ansatz lässt sich auf die reale Welt übertragen. Teilnehmer werden dabei zu Protagonisten, die Lösungen erarbeiten. Kollektive Intelligenz wird hier nutzbar gemacht, um kreatives Potenzial zu entfalten.

Selbst das eigene Firmenlogo hat SwarmWorks über Crowdsourcing durch Kreative aus aller Welt entwickeln lassen. Die eingegangen 600 Logos wurden einer Vorauswahl unterzogen, die anschließend mit allen Mitarbeitern abgestimmt wurde, da jeder sich mit dem neuen Logo identifizieren können sollte. SwarmWorks nutzt seine Kompetenzen, um Wandel sowohl unternehmensintern als auch in Wirtschaft und Gesellschaft voranzutreiben. Ein Artikel in ihrem Magazin stellt Beispiele für die momentane Realität und mögliche Alternativen gegenüber:

- **Führung 1.0: Kommandieren und Expertenkultur** – Führung ist geprägt von der Vorstellung, dass alles beherrschbar ist und nur effizienter werden muss. Ziele werden vorgegeben – ihr Erreichen wird aufwändig gemessen und kontrolliert. Die Grenze der Belastbarkeit ist erreicht oder schon überschritten. Wichtige Entscheidungen werden von Experten unter sich getroffen. Die betroffenen Kollektive (Mitarbeiter, Wähler etc.) werden nicht oder kaum einbezogen. Wenn die Strategie floppt, wird die Rechnung auf die breite Masse umgelegt (SwarmWorks 2012, S. 24–25).

Man sieht, hier werden Parallelen deutlich zur Notwendigkeit, die Mitarbeiter etwa beim Markenpositionierungsprozess einzubeziehen, da sie schließlich die Marke leben sollen und für ihren Erfolg mitverantwortlich sind. Der herkömmlichen Führung stellt SwarmWorks Führung 2.0 gegenüber.

- **Führung 2.0: Lebendige Führung** – Eine Führung, die an den Bedürfnissen des Menschen ausgerichtet ist und Bedingungen schafft, unter denen Mitarbeiter ihre Potenziale entfalten und so Höchstleistungen erbringen können (SwarmWorks 2012, S. 24–25).

SwarmWorks nutzt die eigenen Leistungen auch, um das Thema Nachhaltigkeit umfassend voranzutreiben. Das heißt, auch hier wird Nachhaltigkeit nicht als Projekt, sondern als Teil der eigenen Kernleistung umgesetzt. In vielen Unternehmen ist Nachhaltigkeit immer noch Thema einzelner Abteilungen. SwarmWorks möchte das Potenzial nutzen, die Mitarbeiter zu einem Teil des Veränderungsprozesses zu machen. Mit diversen Trainingsmethoden sollen Mitarbeiter ins Boot geholt werden, um Nachhaltigkeit zu einem integrativen bereichsübergreifenden Prozess zu machen, um gelebte Nachhaltigkeit gewissermaßen zu etablieren. Die Ansätze hierfür entwickeln die Mitarbeiter selbst. Nur wenn Mitarbeitern der Sinn klar ist, der hinter solch einem Prozess steht, können sie sich für ihre Nachhaltigkeitsstrategie begeistern und diese auch erfolgreich umsetzen.

2.11 Warum SwarmWorks eine sinnstiftende Marke ist

SwarmWorks wird hier als Praxisbeispiel einer sinnstiftenden Marke genannt. Warum das so ist und welchen gesellschaftlichen Beitrag das Unternehmen leistet, erläutere ich kurz anhand der bereits bekannten fünf Prinzipien:

1. **SwarmWorks leistet einen gesellschaftlichen Beitrag**
   Durch die Leistung, die SwarmWorks erbringt, wird die Einbindung von Menschen dort gefördert, wo Informationen bisher nur *von oben* gestreut wurden: In den Bereichen Unternehmen und Politik und Demokratie. Hierbei entwickelt das Unternehmen Technologien und Formate, die solche Einbindung konstruktiv und effizient und neue Formen von Live-Kommunikation ermöglichen.
   Viele Stunden im Jahr werden damit verbracht Veranstaltungen zu besuchen, von denen aber nur wirklich wenige nachhaltig sind

und einen bleibenden Eindruck beim Teilnehmer hinterlassen. Unternehmen geben viel Geld für Events aus – aber nutzen sie auch wirklich das Potential, das Wissen und die Kreativität, die in einer Veranstaltung und den Teilnehmern stecken? Menschen arbeiten motivierter und gewiss auch lösungsorientiert, wenn sie den Sinn ihrer Arbeit erkennen können und somit auf ein übergeordnetes Ziel hinarbeiten. SwarmWorks leistet einen wertvollen Beitrag, in dem das Unternehmen das volle Potenzial aus einer Veranstaltung ausschöpft und Mitarbeitern das Gefühl gibt, ein wichtiger Teil des Ganzen zu sein und etwas bewirken zu können. Auch über den wirtschaftlichen Bereich hinaus, ist SwarmWorks tätig. Etwa bei politischen Veranstaltungen. Auch hier ermöglicht SwarmWorks Demokratie und Beteiligung. Politik soll Spaß machen – auch jungen Leuten und Nicht-Parteimitgliedern. Ein gutes Beispiel dafür war der von SwarmWorks durchgeführte SPD-Bürgerdialog 2013. Hierbei wurden mehrere tausend Bürger in die Erstellung des Parteiprogramms 2013 aktiv miteinbezogen.

2. **Die Marke SwarmWorks ist Ergebnis nicht Strategie**
Die Marke ist resultiert bei SwarmWorks aus der Arbeit, die das Unternehmen leistet. Über die letzten Jahre hat sich ein dementsprechend positives Images gebildet. Inzwischen hat das Unternehmen über 3000 interaktive Veranstaltungen durchgeführt. Kunden verweisen gern in der eigenen Kommunikation auf die Einbindung von Kollektiven als „mit SwarmWorks erarbeitet". Laut eigenen Ausgaben hat die Marke im kleinen Stil so etwas wie pars pro toto. So wie man mit *Tempo* auch nicht nur die Marke meint, sondern die Gattung Papiertaschentuch, steht SwarmWorks für interaktive Einbindung, Innovation, neue – teils mutige – Wege gehen, sich öffnen und transparent zeigen, seinen Mitarbeitern vertrauen.

3. **Die Marke SwarmWorks wirkt von innen nach außen**
Stichwort Brand Behaviour: An allen Touchpoints wird die Marke gelebt. Alle Kollegen im Team stehen absolut hinter dem Prinzip der Einbindung und das wird bei jedem Kontakt nach innen

und außen spürbar. Einen Sinn in dem zu sehen, was man tut, fördert die Bindung ans Unternehmen, den Spaß an der Arbeit, Kreativität und Einsatzbereitschaft. Das ist ein wichtiger Faktor für den Erfolg von SwarmWorks, da auch der Kunde das natürlich spürt. Das Unternehmen verkauft nicht irgendein Produkt, sondern Werte und den Anstoß für Veränderung und trägt dies in die Unternehmen. Hinzu kommen Werte wie Premium-Qualität, Zuverlässigkeit etc., die bei SwarmWorks von innen nach außen gelebt werden und an allen Touchpoints mit dem Kunden (von der Website über Kundentermine bis hin zur Präsenz auf der Veranstaltung) sichtbar sind.

Ein gutes noch recht junges Beispiel dafür, dass Prinzipien auch tatsächlich im Unternehmen gelebt werden: Bei einem Teamevent galt es, eine knifflige Aufgabe zu lösen, die letztlich über das Prinzip der kollektiven Intelligenz perfekt gelöst werden konnte. Aufgabe war es, von einem Baumstamm ein Stück abzusägen, das exakt 900 g wiegen durfte. Es standen außer einer Säge keinerlei Hilfsmittel zur Verfügung und die Säge durfte nur einmal angesetzt werden. Ein Teammitglied kam auf die Idee, auch hier auf die bewährte Ressource zurück zu greifen: kollektive Intelligenz. So hat jeder seinen Tipp abgegeben, es wurde der Mittelwert gebildet und danach abgesägt. Das Ergebnis war phänomenal: Das Stück Holz wog exakt 900 g.

Den Mitarbeitern bei SwarmWorks ist wichtig, dass auch die Kunden ihre Marke von innen nach außen leben können. Daher unterstützen sie sie dabei, die Marke im Kern aufzuladen. Etwa durch Nachhaltigkeitstrainings. Nur wenn die Mitarbeiter sich für das Thema begeistern und Nachhaltigkeit leben, können sie das Thema nach außen in Richtung Gesellschaft, Markt, Kunden, Familie, Freunde etc. tragen. Ein unwahrscheinlich starker Hebel, um die Marke des Unternehmens positiv aufzuladen. Gleiches gilt für Beteiligung im Allgemeinen – sie fördert die Mitarbeiterzufriedenheit und die Bindung ans Unternehmen („Ich war Teil gewisser Entscheidungen, ich habe dazu beigetragen wichtige Weichen zu stellen").

4. **SwarmWorks ist offen für den Wandel**
   SwarmWorks ist sehr offen für neue Ansätze, Produkte, Branchen, Märkte oder auch Prozesse und lässt sich davon inspirieren, was den Mitarbeitern im Alltag, auf Veranstaltungen oder in den Medien begegnet. Wenn jemand im Team eine Idee hat, wird sie diskutiert und gemeinsam darüber entschieden, ob und wie es sinnvoll ist, sie weiter zu verfolgen.
   Die genutzten Technologien und Methoden können große Gruppen von Menschen in sehr effizienter Weise zusammenarbeiten lassen. Das heißt innerhalb kürzester Zeit werden Inhalte vermittelt und es entsteht ein Raum für kreative Ideenfindung. So kann SwarmWorks etwa einem so wichtigen und aktuellen Thema wie der Nachhaltigkeit damit einen Hebel in den Unternehmen bieten. Solche neuen Themen zu erschließen und passende Formate dafür zu entwickeln, formt die Marke natürlich und entwickelt sie ständig weiter, obwohl sie sich im Kern treu bleibt.

5. **Die Marke wird bei SwarmWorks bereichsübergreifend geführt**
   Um von Unternehmensbereichen zu sprechen, ist SwarmWorks noch zu klein. Jedoch wird laut Aussage des Unternehmens angestrebt, dass alle Funktionen bei SwarmWorks das Thema Marke kennen und Premium leben und das klappt auch schon sehr gut.

Ausblick

3

Um in Zukunft wettbewerbsfähig zu bleiben, müssen viele Unternehmen umdenken. Es sind nicht mehr lediglich Aspekte wie Produktqualität, Innovationsstärke, Kompetenz oder Werte wie Tradition und Serviceorientierung, die Kunden und Mitarbeiter für ein Unternehmen begeistern und binden. Insbesondere in wettbewerbsintensiven Märkten oder Branchen mit angeschlagener Reputation suchen Kunden nach einem tieferen Sinn, nach spürbaren Werten. Ebenso wollen Arbeitnehmer den Sinn in ihrer Tätigkeit erkennen, sich mit dem Unternehmen identifizieren. Die logisch erscheinende Konsequenz als Reaktion auf diesen äußeren Druck ist, dass Unternehmen sich plötzlich mit sozialen und ökologischen Themen auseinandersetzen, vermehrt auf nachhaltige Produktqualität achten und CSR-Strategien entwickeln. Man muss der Gesellschaft ja schließlich etwas zurückgeben. Kein falscher Gedanke. Aber wie weit ist es ethisch richtig, aus Gründen der Marktreputation Maßnahmen zu forcieren, ohne im Kern wirklich gesellschaftliche Verbesserung erreichen zu wollen?

Nennt man es nun Anspruch oder Haltung, letztlich geht es um Werte. Die Werte, die jedes Unternehmen antreibt, Werte, mit denen es Nutzen und Sinn stiftet, Werte, für die es steht. Vielen Unternehmen in Deutschland täte es gut, sich vor allen anderen Maßnahmen mit den eigenen Werten auseinanderzusetzen. Nicht, um sich zu verbiegen, sondern um die richtigen Entscheidungsgrundlagen für das zu schaffen, was man ändern und verbessern will. Denn Wirtschafts-

S. Abbate, *Marken als Sinnstifter,* DOI 10.1007/978-3-658-05020-7_3,   113
© Springer Fachmedien Wiesbaden 2014

ethik beginnt nicht bei medial inszenierten CSR-Maßnahmen, dem Gesundheitsmanagement, der optimierten Unternehmenskultur oder der emotionalen Social Media-Kampagne. Sie beginnt bei den eigenen Werten. Wenn diese einen übergeordneten Sinn stiften und für die Geschäftsleitung auch außerhalb von Tabellen, Abschlussquoten und Forecasts bedeutsam sind, ändert sich etwas. Wenn der Anspruch der eigenen Leistung eben nicht nur Profit, sondern auch die bewusste Verbesserung des Status Quo der Gesellschaft, der Kunden, der Mitarbeiter ist – dann wird das von diesen Zielgruppen belohnt und honoriert.

Unternehmen, die sich mit den eigenen Werten auseinandersetzen und sich auf deren Basis positionieren, sind authentisch und langfristig erfolgreicher. Unternehmen, die mit ihrer Leistung der Gesellschaft einen Nutzen bieten und etwas verbessern möchten, müssen nicht in Form von CSR etwas zurückgeben, sondern geben der Gesellschaft permanent etwas. Solche Unternehmen, denen der eigene Anspruch, etwas zu verbessern, bewusst ist und die dies an allen Touch-Points leben und kommunizieren, sind starke Marken. Marken mit Zukunft. Sinnstiftende Marken.

Der Weg dorthin verläuft über die Identifikation und Bewusstmachung der eigenen Werte und der Faktoren, die das eigene Unternehmen zum Handeln antreiben. Es ist von Grund auf falsch, den Aufbau und die Führung der Marke im Marketing zu verorten. Genauso falsch ist es, die Führung einer vermeintlich existierenden Arbeitgebermarke dem Personalbereich zu überlassen. Ein Großteil der Fachbücher zum Thema Markenführung setzt nach wie vor bei der Kommunikation an. Es sind aber nicht (nur) die Marketers, die die Marke führen oder nur der Vertriebsleiter oder Geschäftsführer. Die Empfangsdame führt die Marke. Der Außendienstmitarbeiter führt die Marke. Das Forschungs- und Entwicklungsteam führt die Marke. Alle Mitarbeiter sind im Idealfall an der Führung der Marke beteiligt. Ihr Verhalten ist, wenn sie es an der Positionierung und an den Unternehmenszielen ausrichten, der stärkste Anknüpfungspunkt der Marke nach außen. Zweifelsohne ist der persönliche Kontakt mit einem Außendienstmitarbeiter, bei dem man weiß, woran man ist, vertrauenserweckender als eine Hochglanzbroschüre. Und spürt man bei dem ihn vertretenden Kollegen dann noch die gleichen Werte und nimmt ähnliches Verhalten wahr, kann man das Vertrauen als Kunde auf das Unternehmen projizieren.

Seien wir ehrlich: Es gibt noch viel zu tun in der deutschen Unternehmenslandschaft. Gerade im Mittelstand, der ja bekanntlich mit Abstand den größten Teil unserer Wirtschaftskraft ausmacht. Die Bedingungen werden nicht leichter. Demografischer Wandel, Generation Y, Nachhaltigkeit, Globalisierung, das sind alles Stichworte, die Unternehmen schon jetzt auf der Agenda haben sollten. Es zählt kaum mehr einfach nur ein gutes Produkt herzustellen. Das können Unternehmen aus China, Indien oder Brasilien bald genauso gut. Um sich auch in Zukunft differenzieren und im internationalen Wettbewerb behaupten zu können, zählt das Warum, zählen Werte und der Sinn und Nutzen, den man durch das eigene Handeln stiftet. Unternehmen, die nicht nachhaltig handeln in Hinblick auf die Zukunft des Planeten, der Menschen, aber auch der ökonomischen Stabilität, werden es in Zukunft mehr als schwer haben. Wirklich nachhaltiges Handeln, setzt aber Bewusstsein voraus. Wer sich nicht bewusst ist, warum er tut, was er tut, kommt in Erklärungsnot und kann weder Orientierung bieten noch Vertrauen aufbauen. Vertrauen, das so nötig ist, um Kunden zu gewinnen und zu binden. Vertrauen, das neue Mitarbeiter brauchen, um sich für ein bestimmtes Unternehmen als Arbeitgeber zu entscheiden.

Nachhaltigkeit erfordert nicht die absolute Selbstlosigkeit des Unternehmers und erst recht nicht, groß angelegte Maßnahmen, um sich als verantwortungsvoll zu präsentieren. Nachhaltigkeit und Differenzierung erfordern Mut. Sie erfordern den Mut, mit dem eigenen Handeln in der Welt etwas bewegen zu wollen, etwas zum Positiven zu verändern. Sich selbst zu hinterfragen ist natürlich nicht immer ein einfacher Prozess, bisweilen wird er auch von Selbstzweifeln begleitet. Dabei ist auch das nicht schlecht. Genauso wie Krisen nicht ausschließlich negativ zu beurteilen sind, weil sie auch Chancen bieten (nicht umsonst gibt es für Chance und Krise im Chinesischen nur ein und dasselbe Wort), ist der Zweifel auch positiv zu sehen. Der Zweifel bezeichnet nämlich auch die Fähigkeit, sich aus alten Bindungen und Vorstellungen zu lösen. Der Zweifel ist der erste Schritt zum Übergang zu etwas neuem. Deshalb lobt schon Brecht in seinem Gedicht den Zweifel:

> Gelobt sei der Zweifel! Ich rate euch, begrüßt mirHeiter und mit Achtung denDer euer Wort wie einen schlechten Pfennig prüft!

Je ehrlicher die eigenen Treiber, die eigenen Werte hinterfragt werden, desto authentischer wird doch das Ergebnis, klarer und nachvollziehbarer die Positionierung und stärker die Marke.

Und denken Sie daran, dass Sie jede Unternehmensleistung anbieten und den Anspruch haben können, Dinge zu verbessern. Es kommt nicht auf das Produkt an. Prominentes Beispiel hierfür ist die Geschichte zweier Drogeriemarktketten. Beide Unternehmen wurden in den 1970er Jahren in Deutschland gegründet und boten in etwa die gleichen Leistungen an. Den Unterschied machte aber der unternehmerische Anspruch. Während das eine Unternehmen auf Sparpolitik, wenig Personal und sogar auf Bespitzelung der Mitarbeiter setzte, bekam das andere Preise für seine Lehrlingsprogramme und die Mitarbeiterführung und baute nach und nach das Image eines ökologisch und sozial verantwortungsvollen Unternehmens auf.

Das erste Unternehmen stürzte skandalbehaftet in die Insolvenz, das zweite ist nach wie vor sehr erfolgreich auf dem Markt. Natürlich sprechen wir hier von Schlecker und dm.

Dass Sinnstiftung in Form einer konsequent geführten Marke aber nicht rein altruistische Motive haben muss und nicht nur auf das Karma-Konto eines Unternehmens einzahlt, zeigen Studien wie die Studie „Unternehmens- und Markenführung im B-to-B-Bereich" des Dozenten Dr. Baumgarth, der in Berlin lehrt: „Eine starke Markenorientierung erklärt zu rund 16 % den Markterfolg" (Baumgarth 2006).

Auch wenn dieses Buch gewissermaßen nur an der Oberfläche dessen kratzt, was wir Markenführung nennen, soll es für Unternehmen, insbesondere aus dem Mittelstand, einen Impuls darstellen, sich mit der Frage zu beschäftigen, wofür sie eigentlich stehen. Die bislang im Mittelstand herrschende unternehmerische Bescheidenheit ist nicht gerechtfertigt. Viele der so genannten Hidden Champions erbringen Leistungen, die einen echten Mehrwert für die Gesellschaft darstellen und sind nicht umsonst erfolgreich und in vielen Bereichen gar Weltmarktführer. Dahinter stehen immer Leistungen und Werte, auf die man stolz sein kann und sollte. Unternehmen, die sich ihrer Erfolgstreiber und der Werte, die ihr Handeln und ihre Kultur ausmachen, werden greifbarer und letztendlich menschlicher. Sie bekommen ein Gesicht. Der Kunde, der nachempfinden kann, nach welchen Werten sein Anbieter handelt, baut größeres Vertrauen auf. Mitarbeiter, die wissen, warum sie bestimmte Dinge herstellen oder verkaufen, brauchen sich die Sinnfrage nicht mehr zu stellen. Es steckt so viel Potenzial, sich mit diesem kleinen Wort *Warum* zu differenzieren und Position zu beziehen.

▶ Also, hinterfragen Sie, verbessern Sie bewusst und stiften Sie Sinn!

Literatur

Baumgarth, C. (2006). *Studie „Unternehmens- und Mark enführung im B-to-B-Bereich".* Siegen: Universität Siegen/Baumgarth & Baumgarth Brandconsulting.

Bruns, C. (1. September 2013). Workisnotajob. http://workisnotajob.com/de/buch. Zugegriffen: 6. Dez. 2013.

Burmann, C., Halaszovich, T., & Hemmann, F. (2012). *Identitätsbasierte Markenführung.* Wiesbaden: Springer Gabler.

cluetrain.com. (1999). http://www.cluetrain.com/auf-deutsch.html. Zugegriffen: 13. Jan. 2014.

cuecon. (2013). *Was ist die B2B-Marke wert? Studie zum Status quo der Markenführung bei 300 Entscheidern im B2B.* Köln: www.cuecon.de/studien.

cuecon. (2013). *Good Business-Studie.* Köln: cuecon GmbH.

Elaine Wong, M. O. (2013). *License to ill: The effects of corporate social responsibility and CEO moral identity on corporate social irresponsibility.* London: London Business School.

Groth, A. (2011). *Führungsstark im Wandel.* Frankfurt a. M.: Campus Verlag.

Grubendorfer, C. (2012). *Leadership Branding. Wie Sie Führung wirksam und Ihr Unternehmen zu einer starken Marke machen.* Wiesbaden: Gaber Verlag

Gruppe Nymphenburg. (2011). Homepage der Gruppe Nymphenburg – Brand & Retail Experts. http://www.nymphenburg.de/branding.html. Zugegriffen: 28. Dez. 2013.

Häusel, D. H.-G. (März 2011). *Die wissenschaftliche Fundierung des Limbic Ansatzes.* München: Gruppe Nymphenburg.

Hüllemann, N. (2007). *Vertrauen ist gut – Marke ist besser. Eine Einführung in die Systemtheorie der Marke.* Heidelberg: Carl-Auer-Verlag.

S. Abbate, *Marken als Sinnstifter,* DOI 10.1007/978-3-658-05020-7,
© Springer Fachmedien Wiesbaden 2014

Klaus Brandmeyer, P. P. (2011). *Markenkraft zum Nulltarif. Der Trick mit den Resonanzfeldern.* Wiesbaden: Gabler Verlag.

Mei-Pochtler, A. (2012). Marke und Globalisierung. In D. F. Langenscheidt (Hrsg.), *Marke10* (S. 59–60). Köln: Deutsche Standards EDITIONEN.

Oui Share. (2012). Ouishare.net. http://ouishare.net/de/uber-uns/. Zugegriffen: 6. Dez. 2013.

Parment, A. (2013). *Die Generation Y. Mitarbeiter der Zukunft motivieren, integrieren, führen.* Wiesbaden: Springer Gabler.

Ponath, J. (2012). Sinn stiften – Identifikation schaffen. *SwarmMind, 1,* 6–12.

Schmidt, H. J. (2010). *Innen beginnen.* Wiesbaden: Springer Gabler.

Seidman, D. (2011). *How: Why how we do anything means everything.* Hoboken: Wiley.

Sprenger, R. K. (1999). *Mythos motivation.* Frankfurt a. M.: Campus Verlag.

Springer Gabler Verlag. (kein Datum). Gabler Wirtschaftslexikon. http://wirtschaftslexikon.gabler.de/Definition/marke.html. Zugegriffen: 14. Jan. 2014.

SwarmWorks. (2012). …und so geht es nicht weiter. *SwarmMind,* 24–25.

Ullrich, W. (2006). *Habenwollen.* Frankfurt a. M.: S. Fischer.

Veken, D. (2011). Auf der Suche nach den großen Gedanken. Eine Philosophie des Planning. In A. Baetzgen (Hrsg.), *Brand Planning. Starke Strategien für Marken und Kampagnen* (S. 19). Stuttgart: Schäffer-Poeschel Verlag.

Wala, H. H. (2011). *Meine Marke – Was Unternehmen authentisch, unverwechselbar und langfristig erfolgreich macht.* München: Redline Verlag.

GPSR Compliance

The European Union's (EU) General Product Safety Regulation (GPSR) is a set of rules that requires consumer products to be safe and our obligations to ensure this.

If you have any concerns about our products, you can contact us on ProductSafety@springernature.com

In case Publisher is established outside the EU, the EU authorized representative is:

Springer Nature Customer Service Center GmbH
Europaplatz 3
69115 Heidelberg, Germany

The manufacturer's authorised representative in the EU is Springer
Nature Customer Service Centre GmbH, Europaplatz 3, 69115 Heidelberg,
Germany. If you have any concerns regarding our products, please
contact ProductSafety@springernature.com

Printed and bound by CPI Group (UK) Ltd, Croydon, CR0 4YY
27/04/2026
02097635-0005